Friedemann Stengel
Genealogie des Humanismus

Edition Moderne Postmoderne

Editorial

Die **Edition Moderne Postmoderne** präsentiert die moderne Philosophie in zweierlei Hinsicht: zum einen als philosophiehistorische Epoche, die mit dem Ende des Hegel'schen Systems einsetzt und als Teil des Hegel'schen Erbes den ersten philosophischen Begriff der Moderne mit sich führt; zum anderen als Form des Philosophierens, in dem die Modernität der Zeit selbst immer stärker in den Vordergrund der philosophischen Reflexion in ihren verschiedenen Varianten rückt – bis hin zu ihrer »postmodernen« Überbietung.

Friedemann Stengel (Prof. Dr. theol.) lehrt Neuere Kirchen- und Theologiegeschichte an der Martin-Luther-Universität Halle-Wittenberg. Er forscht und publiziert zur Kirchen- und Kulturgeschichte der frühen Reformationszeit, zur Kirchen- und Theologiegeschichte des 18. Jahrhunderts, zur Kirchlichen Zeitgeschichte und zum Thema Diskurstheorie und Historiographie.

Friedemann Stengel

Genealogie des Humanismus

Debatten – Kritik – Neue Perspektiven

[transcript]

Der vorliegende Beitrag ist die überarbeitete Version eines Textes, der zuerst unter dem Titel »Was ist Humanismus?« in: Pietismus und Neuzeit 41 (2015), 154-211, erschienen ist.

Bibliografische Information der Deutschen Nationalbibliothek
Die Deutsche Nationalbibliothek verzeichnet diese Publikation in der Deutschen Nationalbibliografie; detaillierte bibliografische Daten sind im Internet über https://dnb.dnb.de/ abrufbar.

Umschlaggestaltung: Kordula Röckenhaus, Bielefeld
Druck: Majuskel Medienproduktion GmbH, Wetzlar
https://doi.org/10.14361/9783839474860
Print-ISBN: 978-3-8376-7486-6
PDF-ISBN: 978-3-8394-7486-0
Buchreihen-ISSN: 2702-900X
Buchreihen-eISSN: 2702-9018

Gedruckt auf alterungsbeständigem Papier mit chlorfrei gebleichtem Zellstoff.

Inhalt

1. Von der Unmöglichkeit eines Begriffs
Frühe und späte Aporien im Humanismus 7
1.1 Ein lexikalischer Befund 7
1.2 Die Erfindung des Humanismus: Niethammer 11
1.3 Ist Niethammer Humanist? 21

2. ›Humanismus‹ im 19. Jahrhundert: zwischen Bildung, Religion und Geschichte 25
2.1 Humanismus in der Aufklärung? 25
2.2 Weltgeist statt Pädagogik: Hegel 28
2.3 Humanismus: zwischen Realismus, Christianismus und Nation 30
2.4 Der Beginn einer Beziehung: Humanismus und Reformation 32
2.5 Humanismus im Lutherkanon? Luther und Erasmus nach Niethammer 34
2.6 Humanismus als Wissenschaft, Geist und Epoche neben der Reformation: Hagen 36
2.7 Humanismus als Interludium: Marx, Engels, Marxismus 44
2.8 Humanismus als Loge, Religion und unsichtbare Kirche: Ruge 49
2.9 Unterschobener Humanismus: Feuerbach 57
2.10 Noch einmal Reformpädagogik und Unsterblichkeit: Von Feuchtersleben 59
2.11 Antikatholischer Humanismus 61
2.12 Humanismus als Geist des Altertums *gegen* Reformation und Christentum: Voigt 63

3. Auswege 69
3.1 Humanismus – kein tragfähiger historiographischer und heuristischer Begriff! 69
3.2 Humanismus als Verhüllungsbegriff 71
3.3 Lösungsvorschlag I: Konsequente Historisierung 79
3.4 Lösungsvorschlag II: Aufklärung als Kritik – auch am ›Humanismus‹! 83

Literatur 95

1. Von der Unmöglichkeit eines Begriffs

Frühe und späte Aporien im Humanismus

1.1 Ein lexikalischer Befund

Der Begriff Humanismus ist weltweit, in vielen Sprachen und Kulturen, in akademischen und medialen Debatten verbreitet. Doch fallen die Humanismus-Definitionen uneinheitlich, polemisch und widersprüchlich aus. Unauflösbare Differenzen bestehen zwischen dem Humanismus der Renaissance, den christlichen Humanismen des 19. und 20. Jahrhunderts und der Versöhnungs- oder Kampfeskategorie, die in der marxistisch-leninistischen Religionspolitik der SED gegen die Kirchen installiert worden ist[1] oder in heutigen humanistischen Verbänden als klar antichristliches oder ganz antireligiöses Menschen- und Weltbild

1 Die kirchenpolitische Genese des Humanismus-Begriffs in der DDR müsste noch gründlicher untersucht werden. Vgl. einstweilen Florian Baab: Was ist Humanismus? Geschichte des Begriffes, Gegenkonzepte, säkulare Humanismen heute. Regensburg 2013, 129–132; Friedemann Stengel: Die SED und das christliche nationale Erbe. In: Händel-Jahrbuch 59 (2013), 351–359, hier: 357f.; sowie Nora Blume: Humanismus im Kalten Krieg. Behauptung, Zurückweisung und Vereinnahmung von »Humanismus« zwischen Ost und West, Kirche und Staat auf einer Tagung 1959 in Wittenberg. In: Kirchliche Zeitgeschichte 34 (2021), 128–146. Zur differierenden Interpretation von Humanismus seitens SED und Ost-CDU in der DDR und der Rezeption des Humanismus in der DDR im afrikanischen Kontext vgl. zunächst die Diplomarbeit von Nora Blume: Humanismus zwischen den Fronten des Kalten Krieges. DDR, Christentum und Befreiungsbewegung in Afrika. Halle, Univ., 2022.

vertreten wird.[2] Für die jüngste Zeit müsste man außerdem auf die offizielle Position der von Wladimir Putin repräsentierten russischen Staatsführung und der von Kyrill I. repräsentierten Russisch Orthodoxen Kirche verweisen, die den Humanismus als westliche, liberale, häretische Ideologie ablehnt, die mit Homosexualität, Kapitalismus und antirussischen Werten verknüpft sei und mit politischen wie auch militärischen Mitteln bekämpft werden müsse.[3]

An einem der neuesten Lexikonartikel aus der *Enzyklopädie der Neuzeit* kann dieses Problem klar gezeigt werden. Hier wird Humanismus in seinen spannungsreichen Facetten als historischer, kultureller und anthropologisch aufgeladener Begriff vorgestellt. Dabei wird die »weltanschauliche« Identifizierung von Humanismus und Renaissance zurückgewiesen. Es wird klar eingeräumt, dass die Epochenbezeichnung Humanismus überhaupt erst nach der Mitte des 19. Jahrhunderts bekannt und seither für das 15. und 16. Jahrhundert angewendet worden ist. Das steht in merkwürdigem Widerspruch zu der konstatierenden Eingangsbehauptung des Artikels, der Humanismus sei die »wichtigste und wirkungsmächtigste europ. Bildungs-Bewegung« der Neuzeit vor der Aufklärung gewesen.[4] Zugleich wird aber in der *Enzyklopädie* betont, dass es den Begriff Humanismus im 15./16. Jahrhundert weder terminologisch noch inhaltlich als klar umrissenes Phänomen überhaupt gab. In Renaissance und Reformation könne lediglich von den

2 Vgl. Baab, Humanismus, 133–147 passim; Andreas Fincke: Freidenker – Freigeister – Freireligiöse. Kirchenkritische Organisationen in Deutschland seit 1989. Berlin 2002 (EZW-Texte; 162); Ders. (Hg.): Woran glaubt, wer nicht glaubt? Lebens- und Weltbilder von Freidenkern, Konfessionslosen und Atheisten in Selbstaussagen. Berlin 2004 (EZW-Texte; 176).

3 Vgl. Olga Tomyuk: Zur diskursiven Konstruktion von Humanismus in der Russisch-Orthodoxen Kirche. In: Kirchliche Zeitgeschichte 36 (2023), 138–167, und die Masterarbeit von Olga Tomyuk: Humanismus-Verständnis und -Kritik in der Russisch-Orthodoxen Kirche. Zur Humanismus-Kritik und der daraus hervorgehenden Konstituierung eines spezifischen Humanismus-Verständnisses in Diskursbeiträgen russisch-orthodoxer Geistlicher. Halle, Univ., 2022.

4 Vgl. Gerrit Walther: Art. Humanismus. In: Enzyklopädie der Neuzeit 5 (2007), 665–692, hier: 665f.

studia humanitatis, auf die sich die *artes liberales* bezogen, und von den *humanista* als Sammelbezeichnung für die hier Lehrenden und Studierenden gesprochen werden.[5] Es könne aber keine Rede davon sein, dass der Humanismus einheitliche anthropologische Implikationen besaß, die irgendetwas mit dem ersten Humanismuskonzept im frühen 19. Jahrhundert zu tun hatten.[6] An anderer Stelle wird die Paradoxie benannt, dass der Humanismus als historisch anerkannte Epoche zugleich »normative Autorität« besitze, auch wenn der Humanismus des 15. und 16. Jahrhunderts weder auf Humanität und Individualität wie oft im 19. Jahrhundert, noch auf Toleranz im Sinne der Aufklärung abgezielt habe.[7] Schließlich sei der Humanismus mehr und mehr mit der Konfessionalisierung kollidiert, aber bis zum Ende des 20. Jahrhunderts »tragende Säule« der europäischen Bildung geblieben.[8]

Ist Humanismus nun also ein Geist oder ein Wesen, dessen »spirituelle Energie« sich nicht im Glauben, sondern in der Welt entfaltet und das die Kirchen »vornehm«[9] ignoriert habe? Ist er gegenüber dem Christentum affin oder ein Gegenkonzept? Ist er eine Epoche, die der wichtigste »Indikator für einen epochalen Wandel der abendländischen Mentalität, Kultur und Zivilisation«,[10] nämlich für den Übergang vom Mittelalter zur Neuzeit sei? Dies jedenfalls behauptet der Artikel in der *Enzyklopädie*. Aber man müsste noch ergänzen: Ist Humanismus lediglich Anthropologie oder ist er ein pädagogisches Konzept aus dem Kontext einer bestimmten Aufklärungskritik, das im Linkshegelianismus und dann wieder in der DDR zur kirchenfeindlichen Alternativreligion avanciert ist?

Andere Artikel und Definitionen betonen die Historizität des Humanismusbegriffs mit mehr oder weniger Gewicht, manche sehen mehr Übereinstimmungen, manche mehr Diskrepanzen gegenüber

5 Vgl. ebd., 667f.
6 Vgl. ebd., 668.
7 Ebd., 666, 668.
8 Vgl. ebd., 666.
9 Ebd., 675.
10 Ebd., 691.

dem Christentum, aber behandeln ihn sowohl als historischen wie auch als übergeschichtlichen Geistesbegriff.[11] Diesen Unklarheiten und Widersprüchlichkeiten scheint die Empfehlung des Artikels in der *Enzyklopädie*, »Humanismus« dennoch als »ein unentbehrliches heuristisches Werkzeug« zu verwenden, nicht eben zu entsprechen.[12]

Die Begriffsverwirrung des Artikels in der *Enzyklopädie der Neuzeit* scheint mit dem 19. Jahrhundert verbunden zu sein, als der Begriff des Humanismus entstanden und zum Gegenstand von Auseinandersetzungen geworden ist. Diese Schwierigkeiten dürften damit zusammenhängen, dass historischen Begriffen bestimmte ideengeschichtliche Konstruktionen, eben aus dem 19. Jahrhundert, zugrunde gelegt wurden, dass diese Konstruktionen aber selbst immer in bestimmten historischen Kontexten entstanden sind. Es stellt sich nun die Frage, ob ein historischer und demzufolge auch zu historisierender Begriff wie der des Humanismus überhaupt so zu bestimmen ist, dass er auch als Bezeichnung eines übergeschichtlichen Phänomens anerkannt werden kann.

Dieser Frage wird im Folgenden mit dem Blick auf das nach derzeitigem Forschungsstand erste ausformulierte Humanismus-Konzept nachgegangen. Es ist unter den Zeitgenossen weit bekannt gewesen und wird bis heute in den Lexika als erstes (prominentes) Auftauchen des Begriffs Humanismus fast überall erwähnt. Dieses Humanismus-Konzept wird mithilfe der Kriterien des Artikels aus der *Enzyklopädie der Neuzeit* dahin gehend geprüft, wie es sich gegenüber einem heutigen Verständnis von Humanismus verhält. Im Anschluss wird zu fragen sein, ob sich in den weiteren Transformationen des Humanismusbegriffs im 19. Jahrhundert eine Linie feststellen lässt, die eine in sich konsistente Bestimmung von Humanismus zulässt.

---

11 Paradigmatisch ist die einflussreiche Darstellung des Romanisten August Buck, der den Humanismus als von der Antike bis ins 20. Jahrhundert reichende Bildungsbewegung betrachtet, vgl. August Buck: Humanismus. Seine europäische Entwicklung in Dokumenten und Darstellungen. Freiburg i.Br.; München 1987, hier: 9f.

12 Walther, Humanismus, 668.

1.2 Die Erfindung des Humanismus: Niethammer

Mit seinem *Streit des Philanthropinismus und Humanismus in der Theorie des Erziehungs-Unterrichts unsrer Zeit* von 1808 ist Friedrich Immanuel Niethammer der Erfinder des Begriffs und eines ersten Konzepts *Humanismus* gewesen, auch über den deutschen Sprachraum hinaus.[13] Er ist im 19. Jahrhundert weit rezipiert worden, nicht nur innerhalb der Pädagogik.[14] Schon im Titel ist der Humanismus ein pädagogisches Programm, das sich im Konflikt befindet. Bevor der Frage nachgegangen wird, ob es sich bei Niethammers Benennung um die antideskriptivistische Ersttaufe eines bis dahin namenlosen Wesens oder lediglich um die Fixierung einer Front und eines Projekts handelt,[15] werden zentrale Konnotationen von Niethammers Humanismus skizziert.

---

13 Friedrich Immanuel Niethammer: Der Streit des Philanthropinismus und Humanismus in der Theorie des Erziehungs-Unterrichts unsrer Zeit. Jena 1808. Dass der Begriff schon 1798 im Reisetagebuch Friedrich Abeggs nachzuweisen ist, lässt sich wegen dieser literarischen Gattung nur schwer weiterverfolgen. Vgl. Frieder Otto Wolf: Art. Humanismus 1. In: Historisch-kritisches Wörterbuch des Marxismus 6,1 (2004), 548–553, hier: 549.

14 Neben einer singulären Erwähnung von »Humanismus« in Verbindung mit Moral und Religion als »höchst menschlich[er]« Praxis im Justizwesen bei Goethe (1814), deren Referenz (vielleicht Zedler, siehe unten S. 26, Anm. 6f.) nicht aus dem Text hervorgeht, findet sich die direkte Bezugnahme auf Niethammers Darstellung der »höchst thörichten Streitigkeit zwischen Humanismus und Philanthropinismus« ohne Nennung Niethammers bei dem Pädagogen Johann Friedrich Herbart: Psychologie als Wissenschaft. Bd. 2, Königsberg 1825, 226; Johann Wolfgang von Goethe: Aus meinem Leben. Dichtung und Wahrheit. Bd. 3, Tübingen 1814, 290.

15 Zu der Auseinandersetzung zwischen dem performativen Antideskriptivistismus Saul Kripkes und dem Deskriptivismus Slavoj Žižeks vgl. Ernesto Laclau: The ›People‹ and the Discoursive Production of Emptiness. In: Ders.: On Populist Reason. London; New York 2005, 67–128, besonders 101–104; Judith Butler: Sich mit dem Realen anlegen. In: Dies.: Körper von Gewicht. Die diskursiven Grenzen des Geschlechts. Frankfurt a.M. 1997, 257–303, besonders: 285–297.

Eine *erste* Front ist die Aufklärung. Der »Geist des Humanismus« ist älter als die Aufklärung, jetzt hat sie ihm Platz machen müssen.[16] Und wie macht Niethammer Aufklärung fest? Er bestimmt sie als mechanizistisches und utilitaristisches Weltbild. Es habe den Menschen auf Funktion und auf Körper, auf eine »Maschine«[17] reduziert und dieses Menschenbild zum Ziel einer Erziehung erklärt, die nicht die Vernunft bildet, sondern nur auf Berufsbildung[18] und »materielle Production«[19] hinausläuft. Das ist in Niethammers Augen von dem »große[n] Reformator« Friedrich II. inspiriert worden.[20] Die Pädagogik des Philanthropinismus habe diese utilitaristische Erziehung umgesetzt, wobei Niethammer – aus welchen Gründen auch immer – die schon dreißig Jahre zurückliegende Spaltung der Philanthropinisten in eine dem Sturm und Drang nahestehende »Elsässer« Richtung und eine rationalistische Richtung überging. Es wäre noch genauer zu untersuchen, inwieweit Niethammers Attacke auf den Philanthropinismus eine Reaktion oder ein Nachhall dieses Bruchs war, der zum Weggang der »Elsässer« und zur Krise verschiedener Bildungszweige am Philanthropin führte.[21]

Vgl. zum genealogischen Konzept der Namensgeschichte insgesamt Michael Bergunder: Was ist Religion? Kulturwissenschaftliche Überlegungen zum Gegenstand der Religionswissenschaft. In: Zeitschrift für Religionswissenschaft 19 (2011), 3–55 = engl.: What is Religion? The Unexplained Subject Matter of Religious Studies. In: Method & Theory in the Study of Religion 26, 3 (2014), 246–286; Ders.: Encounters of the Brahmanical Sanskrit Tradition with Persian Scholarship in the Mughal Empire Genealogical Critique and the Relevance of the Pre-colonial Past in a Global Religious History. In: Interdisciplinary Journal for Religion and Transformation in Contemporary Society (2024), 1–30, hier: 2–8.

16 Niethammer, Streit, 33f.

17 Ebd., 43.

18 Ebd., 188.

19 Ebd., 15.

20 Ebd., 15f.

21 In diese Auseinandersetzungen zwischen den Rationalisten um Johann Bernhard Basedow und Joachim Heinrich Campe und den »Elsässern« um Johann Friedrich Simon, Johannes Schweighäuser, Johann Ehrmann, Johann Jakob Mo-

Niethammers Aufklärungsverständnis und seine antiaufklärerische Position ist aber zeitgenössisch registriert worden. Sie scheint zur kritischen Abwendung von aufklärerischen Rationalitäts- und Erziehungskonzepten beigetragen zu haben.

Friedrich Schelling hat in seiner Rezension 1809 den »moderne[n] Humanismus«[22] Niethammers beschrieben und dabei besonders den Kontrast dieses Humanismus gegenüber dem »Düster früherer Zeiten und dem Dünkel einer halben, ihrem ganzen Wesen nach barbarischen, und darum dorthin zurückführenden Aufklärung«[23] betont. Im Blick auf spätere Parallelisierungen oder sogar Identifizierungen von Humanismus und Aufklärung bleibt also zunächst festzuhalten, dass beide ganz am Beginn ihres Verhältnisses als Kontrahenten in Stellung gebracht worden sind.

Die *zweite Front* ist nun aber für Niethammer nicht einfach die Rückbesinnung auf einen Geist. Es ist eine anthropologische Akzentuierung, die Manfred Frank als »Rekantianisierung der idealistischen Philosophie«[24] bezeichnet hat. Niethammer hatte als Kollege Fichtes und als

---

chel und Christoph Kaufmann waren beispielsweise auch Goethe, Herder, Hamann, Lavater und Jakob Michael Reinhold Lenz involviert. Vgl. dazu Michael Niedermeier: Das Gartenreich Dessau-Wörlitz als kulturelles und literarisches Zentrum um 1780. Dessau 1995, besonders 55–68.

22 Friedrich Wilhelm Josef von Schelling: Rezension zu: Der Streit des Philanthropinismus und Humanismus in der Theorie des Erziehungsunterrichs unserer Zeit dargestellt von F.I. Niethammer. Jena 1808. In: Jenaische Allgemeine Literaturzeitung (1809), abgedruckt in: Schellings Werke. Dritter Ergänzungsband. München 1984, 457–480, hier: 469.

23 Ebd., 480.

24 Manfred Frank: »Unendliche Annäherung«. Die Anfänge der philosophischen Frühromantik, Frankfurt a.M. 1997, 502; auch zitiert bei Gunther Wenz: Friedrich Immanuel Niethammer (1766–1848). Theologe, Religionsphilosoph, Schulreformer und Kirchenorganisator (Bayerische Akademie der Wissenschaften. Philosophisch-Historische Klasse, Sitzungsberichte 2008; 1). Göttingen 2008, 1–114, hier: 52.

Mitherausgeber des *Philosophischen Journals* in Jena Anteil an ihr, auch wenn ihn im Atheismusstreit nicht dasselbe Los wie Fichte traf.[25]

Ohne sich ausdrücklich auf bestimmte Schriften Kants zu beziehen, macht Niethammer seine Position unter Rückgriff auf die »Doppel-Natur«[26] des Menschen geltend, die auch für die kritische Philosophie Kants grundlegend war. Die Animalität[27] des äußeren, körperlichen Menschen kann unter bestimmten Bedingungen zur Bestialität[28] entarten, es sei denn, so Niethammer, der Mensch werde durch einen »eigene[n] Schutzgeist« gerettet.[29] Die andere Seite des Menschen ist das Wesen, das in reiner Geistigkeit besteht.[30] Niethammer kommt es nicht darauf an, dieses geistige Wesen des Menschen von der sichtbaren Sinnenwelt zu isolieren, wie es die ungenannten »Humanitätsphilosophen«, offenbar Idealisten und Subjektivisten, täten.[31] Er will die »zweifache Natur und Bestimmung des Menschen«[32] zusammenführen: Humanität *und* Animalität, beide Seiten sollen sich durchdringen.[33]

Wo die »Aufklärung« zunehmend auf »E n t g e i s t u n g«[34] hingearbeitet habe, geht es Niethammer um Integration, und hierin bestünde eine *dritte* Akzentuierung. Zwar liegt das eigentliche Wesen des Menschen nicht einseitig in »r e i n e r G e i s t i g k e i t«, die Vernunft weist den Menschen an die Integration seiner geistigen und

25 Vgl. dazu Georg Essen, Christian Danz: Philosophisch-theologische Streitsachen. Pantheismusstreit – Atheismusstreit – Theismusstreit. Darmstadt 2012.

26 Niethammer, Streit, 70.

27 Vgl. ebd., 34.

28 Ebd., 45f.

29 Ebd., 47. Zu den Schutzgeister-Debatten um 1800, die auch unter Kant-Anhängern geführt worden sind, vgl. Friedemann Stengel: Aufklärung bis zum Himmel. Emanuel Swedenborg im Kontext der Theologie und Philosophie des 18. Jahrhunderts. Tübingen 2011, 704–721 = engl.: Enlightenment All the Way to Heaven. Emanuel Swedenborg in the Context of Eighteenth-Century Theology and Philosophy. West Chester, PA 2023, 810–829.

30 Vgl. Niethammer, Streit, 39.

31 Ebd., 41.

32 Ebd., 45.

33 Vgl. ebd., 67, 70 passim.

34 Ebd., 18 [Hervorhebung im Original].

animalen Natur. Allerdings gehört er gegenüber dem Tier klar einer »höhern geistigen Ordnung« an.[35] Die menschliche Geistigkeit bewegt sich für Niethammer jedoch nicht nur auf der Ebene bloßer Intelligibilität. Sie weist auf eine andere Realität hin, die über die irdische hinausgeht: auf das Leben nach dem Tod. Das Stichwort »Seele« fällt bei dem Kantianer Niethammer in diesem Zusammenhang auffälligerweise nicht. Es wäre noch zu untersuchen, ob er die Figur der Unsterblichkeit der Seele ganz gezielt vermieden hatte und ob diese Vermeidung damit zusammenhing, dass Schleiermacher[36] nur wenige Jahre vorher die Fortdauer der Persönlichkeit als ganz und gar irreligiöse Ansicht bezeichnet und sich damit von einem zentralen Thema der Aufklärungstheologie und -philosophie verabschiedet hatte. Niethammer sprach jedenfalls nicht von Seelenunsterblichkeit, sondern von der menschlichen Kenntnis einer nicht irdischen Realität und vom Glauben an eine höhere Bestimmung von Welt und persönlichem Leben über den Tod hinaus. Ich werde daher im Folgenden von Jenseitigkeit, Postmortalität oder überirdischer Bestimmung sprechen.

Entscheidend für Niethammer war, dass Aufklärung *und* Philanthropinismus destruiert haben, was diese geistige Seite des Menschen angeht: Zum »Unglauben in Absicht auf das Unsichtbare«[37] haben sie erzogen, alles »Erheben über das Irdische« sei »unter dem Namen von Aufklärung [...] als mystische Gläubelei in übeln Ruf gebracht, alles Leben in Ideen als Enthusiasterei verspottet« worden.[38] Der Philanthropinismus habe den Kindern den Glauben an das Unsichtbare, ja an Gott selbst austreiben wollen, wohl aus Furcht, sie könnten dann auch an Geister, Hexen und an den Teufel glauben.[39] Oh-

35 Ebd., 69f. [Hervorhebungen im Original].

36 Vgl. Friedrich Daniel Ernst Schleiermacher: Über die Religion. Reden an die Gebildeten unter ihren Verächtern. Berlin 1799, 130–133, sowie 96–108; vgl. zu den kontextuellen Hintergründen dieser Zurückweisung Friedemann Stengel: Prophetie? Wahnsinn? Betrug? Swedenborgs Visionen im Diskurs. In: Pietismus und Neuzeit 37 (2011), 136–162, hier: 159f.; Stengel, Aufklärung, 718–721.

37 Niethammer, Streit, 48.

38 Ebd., 18 [Hervorhebung im Original].

39 Vgl. ebd., 58.

ne Namensnennung, aber mit scheinbar wörtlicher Anlehnung an Kant wendet sich Niethammer gegen die Forderung, dass man sich nur an den »Beruf der Gegenwart« halten und nicht darüber »schwärmen« solle,[40] ob hinter der irdischen Daseinsgrenze »das leere Nichts« oder ein »neues Land der Freude für die Sterblichen in seeliger Unsterblichkeit« liege. Diese »Grundsätze« sind ihm »entschieden unvernünftig und verderblich, die Vernunft und Menschheit entehrend«.[41] Für Niethammer besitzt nicht nur das »Sichtbare« Realität. Wer sich dessen bewusst sei und

> »wer eine andere Realität, als die der Erde, kennen, und eine höhere Bestimmung dieser Welt und seines Lebens glauben gelernt hat, für einen solchen hat dieses Leben einen ganz andern Ernst, als den der Noth! Der letztere allein macht kleinlich und gemein, der erstere erhebt den Menschen: den letztern aber allein kennt der, der bloß für das Bedingte gebildet wird, und ihm ist alles Spielerei, wo nicht die Noth mit ihrem Ernste ihm entgegentritt. Mit einem weit edleren Sinne nimmt jener das Leben, als dieser. Ein Gemüth, erhoben zum Himmel durch Religion, erblickt selbst die Erde in einem himmlischen Lichte […].«[42]

Die Bildung dieser intelligiblen und jenseitsorientierten Vernunft-Seite des Menschen kommt in manchen Darstellungen Niethammers schlichtweg nicht vor.[43] Vielleicht soll der Eindruck vermieden werden, dass sich ein renommierter Kantianer vermeintlich voraufklärerisch

40 Vgl. ebd., 50f.; vgl. den Schluss der Träume eines Geistersehers, AA II, 373, oder KpV, AA V, 57; vgl. dazu Stengel, Aufklärung, 695–700.

41 Niethammer, Streit, 51; diese Formulierung wird den Philanthropinisten in den Mund gelegt, die das Jenseits zwar nicht bestreiten, es aber nicht als Handlungsmaxime für die Gegenwart betrachten.

42 Ebd., 101.

43 Dem entspricht, dass Wenz, Niethammer, 111, es dabei bewenden lässt, Niethammers eigener Aussage zu folgen, er sei »jedwedem *erweckten* Mystizismus« abhold gewesen [Hervorhebung FS]. Eine weitere Spurensuche geschieht weder hier noch in: Gunther Wenz: Hegels Freund und Schillers Beistand. Friedrich Immanuel Niethammer (1766–1848). Göttingen 2008.

oder vorkritisch hervorgetan haben könnte. Immerhin hat Niethammer wie manch andere aufgeklärte Zeitgenossen nach dem Tod seiner Frau berichtet, ihre »geistige Gegenwart« empfunden zu haben, er hat gegenüber Hegel seine überreichen »Gemüthserfahrungen« nun sogar als Beweis für die Unsterblichkeit und das jenseitige Wiedersehen ins Feld geführt und sich zugleich gegen die »schwergläubige Spekulation« darüber klar abgegrenzt.[44] Spätestens von da an bezeichnete sich Niethammer selbst als Mystiker – im frühen 19. Jahrhundert ein schillernder Begriff, der weniger mit mittelalterlichen Autoren als mit esoterischen Strömungen zwischen Spiritismus und Okkultismus zu tun hatte.[45]

Niethammers Humanismus, der so zentral die überirdische Bestimmung des Menschen betont, ist immerhin maßgeblich in sein pädagogisches Programm eingeflossen. Dabei geht es Niethammer auf einer *vierten* Linie nicht um die Vermittlung eines theologischen Lehrsystems, auch wenn er selbst später Luthertexte[46] herausgab, im lutherischen Teil Bayerns als Schulreformer wirkte und noch heute zuweilen gern als ein zum Lutheraner gewandelter Kantianer betrachtet

---

44 Gerhard Lindner: Friedrich Immanuel Niethammer als Christ und Theologe. Seine Entwicklung vom deutschen Idealismus zum konfessionellen Luthertum. Nürnberg 1971, 291; Brief Niethammers an Hegel vom 14.7.1832, ebd. Bei Wenz wird diese entscheidende Nuance des Kantianers schlicht weggelassen, dafür wird Niethammers Abneigung gegen die Erweckungsbewegung referiert. Vgl. Wenz, Niethammer, 111.

45 Zu den ausgeprägten Wiedersehenserwartungen, die im Gelehrtendiskurs seit dem Ende des 18. Jahrhunderts florierten und etwa in diesem mehrfach aufgelegten und übersetzten Buch aufscheinen: Karl Christian Engel: Wir werden uns wiedersehen. Eine Unterredung nebst einer Elegie. Frankfurt; Leipzig 1787; oben Anm. 29, sowie umfassend: Diethard Sawicki: Leben mit den Toten. Geisterglauben und die Entstehung des Spiritismus in Deutschland 1770–1900. 2. Aufl. Paderborn et al. 2016.
Die Weisheit D. Martin Luthers, hg. von Friedrich Immanuel Niethammer. 2. Aufl. Nürnberg 1817.

46 Die Weisheit D. Martin Luthers, hg. von Friedrich Immanuel Niethammer. 2. Aufl. Nürnberg 1817.

wird.[47] Mit seinem integrativen Erziehungsprojekt, das auch als »Philanthropinistischer Humanismus«[48] bezeichnet wird, hat Niethammer offenbar auch die Integration der Bürgergesellschaft im Blick. Sie geht von der gemeinsamen menschlichen überirdischen Bestimmung aus, dass sich alle »als Glieder Eines Leibes, als Werkzeuge Einer Vernunft, und als Kinder Eines Gottes erkennen lernen«.[49] Die gemeinsame überirdische Bestimmung ebnet Konfessionalismen ein.

Festzuhalten bleibt *fünftens*, dass Niethammers Humanismus kein reines Sprachenprogramm ist. Dem (auch) philanthropinistischen Tadel wird Recht gegeben, der den älteren Humanismus »bloßen Wortkrams im Erziehungsunterricht beschuldigt« und ihm Reduktion auf Philologie und bloßes philologisches »Wort- und Buchstabenstudium« vorgeworfen hatte.[50] Sprachbildung ist nur »Mittel der freien Bildung«.[51] In Niethammers Schulutopie geht es um die Vernunft- und Menschenbildung,[52] um die geistige Natur[53], die als »Erziehung« und nicht als bloße »Berufsbildung«[54] betrachtet wird.

Schließlich geht es aber *sechstens* nicht um einen Humanismus, der Gegenüber oder Alternative zum Christentum wäre. Niethammer hat 1808 den Neubau der Nation vor Augen. Wo Engländer, Franzosen, Italiener, Spanier mit ihren Klassikern die Grundlage eines nationalen Geistes besitzen, fehle es den »Teutschen« an solchen »Meisterwerken«.[55] Zur »Bildung« des deutschen »Nationalgeschmacks« empfiehlt Niethammer nun die »classischen Kunstwerke des Alterthums«; für

47 Vgl. hingegen Wenz, Niethammer, 107–110; Wenz, Freund, 299, gegenüber der lutherischen Position von Lindner, Niethammer.

48 Wenz, Freund, 193–198.

49 Niethammer, Streit, 128.

50 Ebd., 166, 164 [Hervorhebung im Original].

51 Ebd., 221 [Hervorhebung im Original].

52 Vgl. ebd., 189.

53 Vgl. ebd., 167.

54 Vgl. ebd., 188f.

55 Vgl. ebd., 235f.

deren Pflege möge der »gute Genius unserer guten Nation« sorgen.[56] Damit gewinne das Schulsystem »praktischen Einfluss auf die ganze Nationalbildung«.[57] Darüber hinaus spielt das griechisch-römische Altertum keine Rolle bei Niethammer. Humanismus ist ihm kein Altertumsgeist, der parallel zur Renaissance wiedererweckt oder geschaffen worden wäre, um mit der Reformation ein Verhältnis einzugehen. Das 15. und 16. Jahrhundert und die Renaissance werden bei Niethammer nicht einmal erwähnt. Christentum und Humanismus sind weder Diastase noch Synthese, es gibt das Thema nicht. Niethammer geht es um Nationalgeschmack und die Erziehung der geistigen Natur des Menschen – nur unter anderem – durch Sprachbildung. Die »Wiederauferweckung« des Geistes des Humanismus ist ihm keine Renaissance klassisch-philosophischen Denkens, sondern »ächten philosophischen Denkens« und des »Geistes der Humanität« gegenüber dem »animalen Leben«.[58]

Gerade diesen Punkt hat Friedrich Schelling in seiner Rezension aus Niethammers Programm herausgegriffen: Griechengeist und Römerkultur sind keine Normen, die wiedererweckt oder erinnert werden sollen; die Griechen sollen nicht einfach imitiert werden.[59] Die ewige Schönheit ihrer Werke soll empfunden werden. Auch bei Schelling war nicht von einer Renaissance als Wiederentdeckung eines Geistes der Antike die Rede. Und es war nicht die Rede davon, dass dieser Humanismus in irgendeiner Weise dem Christentum entgegengestanden hätte. Vielmehr stellte auch er den nationalen Zweck dieser Bildung zum »Besten des kräftigen, eigenthümlichen Volkes« heraus. Nicht die Erfahrungen der anderen Völker sollten wiederholt werden. Nach »dem Kanon freier und schöner Humanität« solle sich das Volk bilden.[60] Das ist im dritten Jahr nach der militärischen Katastrophe von Jena und Auerstedt gesagt und es trägt unübersehbar patriotische Züge.

---

56 Ebd., 237.

57 Ebd., 311.

58 Ebd., 33f.

59 Vgl. Schelling, Rezension, 476f.

60 Ebd., 480.

Mit der intelligiblen und über das irdische Leben hinausreichenden Seite des Menschen und der Menschheit postuliert Niethammer über die genannten Effekte für die Nationsbildung hinaus *siebtens* den höheren Zweck der »Bildung der Menschheit«[61] als Ergebnis der Orientierung auf die universale Vernunft. Ein Staat, der diese Bildung vernachlässige und nur »Brod- d.i. Berufs-Wissenschaften« fördere, solle seinen Status als Kulturnation verlieren, ja sogar aufhören, »in dem geistigen Weltreiche der Bildung der Menschheit ein actives Mitglied zu seyn«.[62] Weltbürgertum ist offenbar in Anlehnung an Kants Vorstellung von Weltbürgerlichkeit für den Kantianer Niethammer virulent.

Im Vorgriff auf die folgenden Überlegungen zu den Transformationen des Humanismus seit dem 19. Jahrhundert wäre also zusammenzufassen, dass Niethammers Humanismus ein Gegenkonzept gegen eine diesseits-korporale und utilitaristische Aufklärungserziehung war. Dagegen führte er als ein gleichsam nicht-normatives Normativ die von Kant hergeleitete intelligible, nicht-diskursive Seite des Menschen als Bildungs- und Erziehungsziel ins Feld – nicht-normativ insofern, als sich von dieser intelligiblen Seite her keine konkreten Handlungsanweisungen ableiten. Es bleibt bei der Hervorhebung von zwei wesentlichen Merkmalen dieser Humanität: *erstens* die universale Vernunftfähigkeit des Menschen. Sie wird nicht weiter erklärt, sondern vor allem gegen den Zweckgedanken und die Animalität vorgebracht; *zweitens* die Anerkennung der anderen, intelligiblen und überirdischen Realität gegenüber der sinnlich erfassbaren Realität. Nicht-normativ läuft in diesem Sinne zudem auf die Seite des Menschen hinaus, die sich der sinnlich-körperlichen Nutzbarmachung, dem Beruf und der Arbeit, widersetzt. Sie geht sinnlich und zugleich zeitlich über das diesseitige Leben hinaus, macht aber den eigentlichen Kern von Mensch und Menschheit aus. Der »Geist des Humanismus«[63] ist allerdings eben Erziehungsprojekt und nicht nur auf eine menschliche Anlage begrenzt,

61 Niethammer, Streit, 333 [Hervorhebung getilgt].

62 Ebd., 359.

63 Ebd., 34 [Hervorhebung getilgt]. Geist des Humanismus und Geist der Humanität sind voneinander unterschieden, sofern ersterer gegen den Philanthropi-

der man sich einfach bedienen müsste. Und er ist auf Sprachlichkeit, auf Bildung als Selbstzweck, als Vergeistigung und in diesem Sinne als universaler Fortschritt hin gedacht.

1.3 Ist Niethammer Humanist?

Folgt man der These, Humanismus sei auch heute noch »ein unentbehrliches heuristisches Werkzeug,«[64] dann wäre zuerst wohl der Begründer und Sprachschöpfer des Humanismus daraufhin zu prüfen, ob er den in der *Enzyklopädie der Neuzeit* genannten, auch sonst weit verbreiteten Kriterien von Humanismus genügt. Zuerst fällt ins Auge, dass Niethammer keinerlei Interesse am 15. und 16. Jahrhundert hatte; sein Humanismus versteht sich als kantisch und gleichwohl antiaufklärerisch. Der antike Geist gilt lediglich als basales Supplement zur Herstellung eines Nationalgeschmacks; er ist nicht ein Geist, der von Christentum und Mittelalter unterdrückt und dann in der so genannten Renaissance wiederentdeckt worden sei. Niethammer betont zwar wie die philosophischen Rationalisten und auch Kant die »Doppelnatur des Menschen«.[65] Mit der Bestimmung des *Enzyklopädie*-Artikels, Humanismus habe, ohne Kirche und Religion in Frage zu stellen, auf »irdische Wirklichkeit, auf sittliches Handeln, säkulare Ethik und elegante Umgangsformen«[66] abgezielt, muss Niethammer aus dem Kreis der Humanisten überhaupt ausgesondert werden. Denn er erblickt den Kern des Menschen in einer Intelligibilität, die auf Jenseitigkeit und überirdische Bestimmung angelegt ist – obwohl er auf der notwendigen gleichzeitigen Pflege und Bildung der diesseitigen animalen und der humanen Seite des Menschen insistiert.

---

nismus gerichtet ist und als Erziehungskonzept gewissermaßen der Humanität dient, ebd.

64 Walther, Humanismus, 668.

65 Niethammer, Streit, 58.

66 Walther, Humanismus, 666.

Weiter wird die von Niethammer gerade bekämpfte Aufklärung in der *Enzyklopädie der Neuzeit* zu einer Vorstufe seines Humanismus, indem erklärt wird, der Humanismus sei die bedeutendste Bildungsbewegung[67] vor der Aufklärung gewesen. Diese Teleologie wird fortgesetzt, wenn Niethammer zum Begründer des 1885 von Friedrich Paulsen so genannten »Neuhumanismus«[68] avanciert (obwohl es diesen Terminus bei ihm nirgendwo gibt) und wenn dann in dem erstmals 1921 von Eduard Spranger so genannten »Dritten Humanismus«[69] eine weitere Entwicklungsstufe erblickt wird. Denn solche Zuschreibungen implizieren zwangsläufig, dass es den Humanismus als Wesen, das meist als Rückgriff auf antike Anthropologien in der Renaissance gilt, bereits gab und Niethammer ihn nur revitalisiert habe. Dann aber müssen notwendigerweise alle zentralen Kriterien, die dem Humanismus als suprahistorisches Phänomen zugeschrieben werden, auch für Niethammer zutreffen.

Schließlich ist auffällig, dass Niethammer ein besonderes Verhältnis des Humanismus zu Christentum und Kirche gar nicht thematisiert. Auch eine besondere Verkoppelung des Humanismus mit Rationalismus, geschweige Atheismus ist kein Thema. Diese Inbeziehungsetzungen sind *nach* Niethammer Bestandteil der europäischen Generalnarrative geworden, von der im Anschluss einige Segmente betrachtet werden.

Auch ist Humanismus bei Niethammer dezidiert keine Epoche. Er ist kein ideengeschichtliches Lehrsystem und kein historisch verifizier-

---

67 Vgl. ebd., 665f.

68 Vgl. Gerrit Walther: Art. Neuhumanismus. In: Enzyklopädie der Neuzeit 9 (2009), 136–139, hier: 136; Ders.: Art. Humanität. In: Enzyklopädie der Neuzeit 5 (2007), 701–703, hier: 702; Heinz Liebing: Die Ausgänge des europäischen Humanismus. In: Ders.: Humanismus – Reformation – Konfession. Beiträge zur Kirchengeschichte. Marburg 1986, 147–162, hier: 159; Lindner, Niethammer, 224, 244.

69 Vgl. zu dieser uneinheitlichen und kaum zu fassenden Konstruktion umfassend Barbara Stiewe: Der »Dritte Humanismus«. Aspekte deutscher Griechenrezeption vom George-Kreis bis zum Nationalsozialismus. Berlin; New York 2011, hier: 4.

barer oder auch nur den Anspruch der Historizität erhebender Zeitabschnitt, der als suprahistorisches Programm in der Zeit außerdem noch andauerte. Humanismus ist ein Erziehungskonzept, das die intelligible Seite des Menschen gegenüber der bloß sensualistisch gefassten Maschine des Körpers stark macht und die utilitaristische Anthropologie summarisch der Aufklärung zuschreibt. Es hat nationale Implikationen und besitzt – am Ende – *weltbürgerliche Absicht*[70] im Sinne Kants. An diesen Punkten lässt sich keine Übereinstimmung von Niethammers Humanismus mit den Definitionen späterer lexikalischer Einträge feststellen. An zentralen Stellen muss er klar aus den Humanismuskonzepten des 19. und des 20. Jahrhunderts herausgenommen werden.

Wenn schon der erste entscheidende Protagonist des Humanismus schwerlich als Humanist gelten kann, obwohl er eine Konzeption vorgelegt hat und der Hinweis auf den heuristischen Nutzen sozusagen unmittelbar nach der Taufe des Humanismus nicht einleuchtet, geschweige zu überzeugen vermag – welche Konsequenzen wären aus dieser Beobachtung bis in die heutige Debatte zu ziehen?

Angesichts der normativen Macht solcher Signifikanten wie Aufklärung oder Humanismus, angesichts ihrer Abgrenzungen gegenüber vermeintlich Unaufgeklärtem, Nicht-, Anti- oder Vorhumanem in heutigen hegemonialen Machtdiskursen überprüfe ich mit der vorliegenden Studie die Operationalisierbarkeit und Validität von »Humanismus« aus historisch-kritischer Perspektive. Es wird daher *zunächst* in Augenschein genommen, welche Zuschreibungen der Humanismusbegriff *nach* seiner Erfindung erfuhr. Diese Bestandsaufnahme geht bis ungefähr 1880 den jeweiligen Konnotationen und Kontexten von Humanismus nach, die noch heute die Debatten mitprägen.

In dieser Studie geht es mir jedoch nicht nur um die Überprüfung eines historiographischen Zentralbegriffs. Daher wird *zweitens* eine sachliche und terminologische Präzisierung des gewöhnlich als Humanismus bezeichneten literarisch-kulturellen Phänomens im 15./16. Jahrhundert vorgenommen. Damit soll eine Alternative für diese historiographisch

70 Vgl. Immanuel Kant: Idee zu einer allgemeinen Weltgeschichte in weltbürgerlicher Absicht (1784).

zementierte Lesart aufgezeigt werden: eine strikte Historisierung, die einen präziseren Blick auf die Quellen und damit zugleich neue Perspektiven eröffnet – und sich dem Problem stellt, dass historiographische Kategorien normativ aufgeladen sind.

Da die Humanismusthematik zutiefst moralisch-normativ aufgeladen ist, werden *drittens* Überlegungen angestellt, in welcher Weise mit dem Thema Humanismus trotz und sogar mithilfe der nötigen Historisierung produktiv verfahren werden könnte und inwieweit ein kritischer und zugleich ethisch motivierter Beitrag zur aktuellen Diskussion um die Reichweite von »Humanismus« möglich – und notwendig – ist.

2. ›Humanismus‹ im 19. Jahrhundert: zwischen Bildung, Religion und Geschichte

2.1 Humanismus in der Aufklärung?

Doch blicken wir zurück in das 18. Jahrhundert. Hier muss es zunächst bei dem Befund bleiben, dass ein spezielles Menschenbild, das aus dem klassischen Altertum stammen würde und im 15. und 16. Jahrhundert wiederentdeckt worden wäre, nicht mit »Humanismus« bezeichnet worden ist. Das heißt natürlich nicht, dass es keine Anthropologien gegeben hätte, so etwa den bei Herder zentralen Humanitätsbegriff.[1] Hier geht es jedoch im engeren Sinne nicht um die Verbindung der Anthropologie mit dem 15. und 16. Jahrhundert, mit dem Altertum und schließlich um eine Inbeziehungsetzung mit Bildungs-, Religions- und Geschichtsentwürfen. Andere Ableitungen von *humanitas* weisen weitere Differenzen auf. Die prominente Philosophiegeschichte von Jacob Brucker kennt eine Reformbewegung zwischen den »Mittlern Zeiten« und der Reformation, die auf die »Verbesserung der Wissenschaft« mithilfe eines erneuerten Platonismus und Aristotelismus und der wiederhergestellten »Reinigkeit« der lateinischen oder griechischen Sprache abgezielt habe. Parallelbegriff zur Reformation ist aber die

1 Vgl. vor allem Johann Gottfried Herder: Briefe zur Beförderung der Humanität [1793–1797]. In: Ders.: Gesammelte Werke, hg. von Hans Dietrich Irmscher und Martin Bollacher. Bd. 7, Frankfurt a.M. 1991.

Philosophie,[2] verbunden mit Sprachen und Schönen Künsten, die nach dem »abscheulichen Verfall« der Wissenschaften nun wieder emporgebracht worden seien, wobei dieser Verfall auch die Kirche betroffen und die Reformation nötig gemacht habe.[3] Brucker kennt allerdings weder den Begriff des Humanismus, noch verbindet er mit diesen »Restauratoribus Literarum, den Platonicis und andern Gelehrten«[4] irgendeine Anthropologie und eine christentums- oder religionskritische oder -distanzierte Strömung, die zudem noch ein paradigmatisches Programm über ihre eigene Zeit hinaus gewesen wäre.

Wie Brucker enthält auch der 13. Band des *Zedler* von 1735 nicht den Begriff des Humanismus, dafür aber die *Humaniora* oder *Humanitatis Studia* als historische Begriffe, nämlich als die freien Künste, die man zur Erlernung höherer Fakultäten brauche, also die *septem artes*.[5] *Humanistae* sind nicht wie in heutigen Lexika Studierende und Lehrer dieser Künste, sondern bei Zedler Rechtsgelehrte, die das geltende Recht aus griechischen und lateinischen »Antiquitäten« erklärten, also Rechtshistoriker.[6] Und Humanität besaß bei Zedler nicht etwa eine anthropologische Aufladung, sondern war ein Begriff bürgerlicher Umgangsformen wie »Höflichkeit und Leutseligkeit. Daher saget man, das ist ein humaner Mann, der allen freundlich und leutselig begegnet.«[7]

Bemerkenswerterweise verwendete gerade Immanuel Kant, einer der Impulsgeber Niethammers, nicht den Humanismusbegriff, sondern – nicht gerade sehr häufig – »Humanität« ebenfalls als bürgerliche Umgangsform, als Geselligkeit und Wohlleben, ja als »Communicabili-

---

2 Johann Jacob Brucker: Kurtze Fragen aus der philosophischen Historie, von Christi Geburt biß auf unsere Zeiten. Bd. 6, Ulm 1735, 1, 4.

3 Vgl. ebd., Bd. 6 (1735), 5.

4 Ebd., Bd. 5 (1734), 1327f.

5 Vgl. Art. Humaniora oder Humanitatis Studia. In: Johann Heinrich Zedler: Großes vollständiges Universallexikon 13 (1735), 1155f. Brucker nennt ebenfalls »Literas humaniores«, vgl. Brucker, Fragen, Bd. 6 (1735), 30.

6 Art. Humanistae. In: Zedler, Bd. 6, 1156; an diesen Eintrag könnte sich Goethe angelehnt haben, siehe oben Seite 11, Anm. 14).

7 Art. Humanität. In: Zedler, Bd. 6, 1156–1158.

tät und Urbanität«.[8] In den Reflexionen wird Humanität gelegentlich als Sanftmut[9] beschrieben, in der späten *Metaphysik der Sitten* ebenfalls als Terminus seiner regelmäßig gelesenen empirischen Psychologie als einer »affectirten Humanität«, die er mit dem wohl von ihm selbst geschaffenen Begriff der »compassibilitas« näher umschreibt.[10] Beziehen sich »Compassibilität« und »Communicabilität« auf menschliche Befähigungen, hier des Mitleidens und Mitempfindens sowie der Mitteilungsfähigkeit, so deutet vielleicht noch eine späte Stelle in der *Anthropologie* auf den Zusammenhang zwischen einer scheinbar eudämonistischen Glückseligkeitslehre im Wolffschen Sinne und den Regeln von Sittlichkeit im Sinne des kategorischen Imperativs hin: Humanität ist hier »eine Denkungsart der Vereinigung des Wohllebens mit der Tugend im Umgange«.[11] In der *Metaphysik der Sitten* hatte Kant den Begriff der »Menschlichkeit (humanitas)« allerdings definiert, und zwar ausdrücklich nicht normativ, geschweige denn historisch oder religiös, sondern deskriptiv als Bestimmung menschlicher Befähigungen auf der Ebene anthropologischer Grundkonstanten: als attributlose *humanitas*. Der Mensch ist nicht nur einfach vernunftbegabt, er ist vernunftbegabtes Tier – das könnte in Niethammers Differenzierung von Humanität und Animalität eingegangen sein. Kant unterscheidet *humanitas practica*, das Vermögen und der Wille, sich einander »in Ansehung seiner Gefühle« mitzuteilen, und *humanitas aesthetica*, die »Empfänglichkeit für das gemeinsame Gefühl des Vergnügens oder Schmerzens«.[12] Diese Deskription erhebt keinen normativ-moralischen Anspruch an die

8 Immanuel Kant: Logik. AA IX, 46.

9 R 1531 (zur Anthropologie, sehr wahrscheinlich 1797). AA XV, 957.

10 AA VI, 335 (in Bezugnahme auf die Ablehnung der Todesstrafe durch Cesare Bonesano Beccaria in *Dei delitti e delle pene*, 1764). *Compassibilität* ist Hapax legomenon bei Kant, ein weiterer Nachweis ist im Moment nicht möglich. Es ist denkbar, dass Kant den Begriff der Humanität durch seine Beschäftigung mit Herders *Ideen zur Philosophie der Geschichte der Menschheit* gewonnen hat. In Kants Rezension taucht der Begriff achtmal auf, auffälligerweise auch im Verständnis von Religion als höchster Form der Humanität. AA VIII, 45–52, hier: 49.

11 AA VII, 277.

12 AA VI, 456.

Menschheit, sondern formuliert die menschliche Grundausstattung und -veranlagung. Nicht einmal eine Unterscheidung, die Kant als Vorarbeit für die *Metaphysik* notiert hatte, scheint darüber hinauszugehen: »Humanitas substantialis Menschheit; accidentalis Menschlichkeit«.[13]

Der Begriff der Humanität besitzt bei Niethammers einflussreichem Referenzautor keine Bedeutung als geschichtstheoretischer Begriff oder als Bildungskonzept, keine Verbindung zum klassischen Altertum und kein Verhältnis zum Christentum. Er ist nicht einmal ein klar normativer Begriff. Da Kant diese fünffache Konnotation auch nicht unter einem anderen Rubrum beschreibt, müsste er angemessenerweise aus dem derzeit und seit dem 19. Jahrhundert definierten Humanismus herausfallen. Eine unmittelbare Rezeptionsfolie lag Niethammers Humanismus im Humanitätsbegriff aufklärerischer Autoren jedenfalls nicht vor. Dies entspricht Niethammers eigener – und Schellings – scharfer Abgrenzung zwischen Humanismus und Aufklärung.

2.2 Weltgeist statt Pädagogik: Hegel

Nach dem Vorstoß Niethammers beschränkte sich die Rezeption ›seines‹ Humanismus jahrzehntelang auf den semantischen Rahmen, den er beschrieben hatte: als pädagogisches (Gegen-)Konzept. In der philosophisch-theologischen und dann historiographischen Debatte wurde sein Vorschlag zunächst nicht aufgenommen. Hegel verwendet nicht »Humanismus«, sondern selten »Humanität« in ähnlicher Weise wie Kant *humanitas accidentalis* und versteht darunter Menschlichkeit auf der einen und das substantielle Menschliche oder die Menschheit im Menschen, die Götter nicht besitzen – im Unterschied zu Kant und unter Bezugnahme auf Vergil und Horaz.[14] Wie Kant kennt er die Verbindung

13 Vorarbeiten zur Vorrede und Einleitung in die Tugendlehre in der Metaphysik der Sitten, AA XIII, 398.

14 Georg Wilhelm Friedrich Hegel: Vorlesungen über die Philosophie der Religion. In: Ders.: Werke in zwanzig Bänden. Red.: Eva Moldenhauer und Karl Markus Michel. Frankfurt a.M., Bd. 17 (1969), 166.

von »Humanität und Urbanität«, verlegt diese jedoch nun in die altgriechische Vergangenheit bei Sokrates und Platon.[15] In den Jenaer Schriften wird Humanität wie bei Kant (Sanftmut) als Gegensatz zu »Härte« benannt.[16] Der Begriff ist aber wiederum nicht auf eine Epoche, sondern auf eine Haltung oder Eigenschaft bezogen; er wird in einem Dreieck zusammen mit Freiheit und Recht genannt und an anderer Stelle mit einem normativem Anspruch versehen, den Hegel aber abwehrt: Wenn der absolute Werkmeister in der Geschichte, die ewige absolute Idee, die sich in der Menschheit selbst realisiere, nicht als »verborgen fortwirkende Notwendigkeit«, sondern als aktives Individuum zum Vorschein kommen würde, dann müsse entweder die Individualität zerspringen oder die Idee der »Bestimmung des Menschengeschlechts und seiner Erziehung, über das Ziel der Humanität, moralischen Vollkommenheit, oder wie sonst der Zweck der Weltgeschichte [...] heruntersinken«.[17] Sollte Hegel hier die oben genannte Verbindung des höheren Zwecks der Menschheitsbildung mit dem Humanismusgedanken bei Niethammer in den Blick genommen haben, dann hat Hegel ihn strikt zurückgewiesen. Ein pädagogischer Idealismus im Sinne Niethammers steht der historisch notwendigen Weltgeistentfaltung entgegen. Darüber hinaus findet sich auch bei Hegel der Humanitätsgedanke nur bruchstückhaft. Ein »Geist der Humanität« im Sinne Niethammers wird – aus der Warte der Weltgeistfigur – abgewiesen.

---

15 Georg Wilhelm Friedrich Hegel: Rechts-, Pflichten- und Religionslehre für die Unterklasse. In: Nürnberger und Heidelberger Schriften. Hegel, Werke, Bd. 4 (1970), 272.

16 Georg Wilhelm Friedrich Hegel: Über die wissenschaftlichen Behandlungsarten des Naturrechts, seine Stelle in der praktischen Philosophie und sein Verhältnis zu den positiven Rechtswissenschaften. In: Jenaer Schriften. Hegel, Werke, Bd. 2 (1970), 498.

17 Georg Wilhelm Friedrich Hegel: Vorlesungen über die Ästhetik. In: Hegel, Werke, Bd. 15 (1970), 356f.

2.3 Humanismus: zwischen Realismus, Christianismus und Nation

Bei den Rezeptionen im pädagogischen Bereich wird die Gegenbewegung des Philanthropinismus bald durch den Begriff des Realismus oder der Realienbildung ersetzt. Diese Linie ist deutlich sichtbar. Als ein Professor der Meißener Landesschule Sankt Afra in einer Gedenkschrift zu Lessings 100. Geburtstag eine Verteidigung »zum Schutz des Humanismus« herausgab, bezog er sich in erster Linie auf das Miteinander von humanistischer und Realienbildung,[18] aber wie Niethammer auch auf das Studium des klassischen Altertums.[19] Schon 1829 hatte sich der Philosoph, Gießener Schuldirektor und Pestalozzi-Schüler Wilhelm Braubach für die Versöhnung von Realismus und Humanismus eingesetzt,[20] den er ähnlich wie Niethammer lediglich als formales Prinzip des Sprachunterrichts betrachtete, um dadurch die »Schätze des Altherthums in den Reliquien ihrer großen Geister aufgeschlossen zu sehen«.[21]

Im selben Jahr 1829, immerhin zwanzig Jahre nach Niethammer, knüpfte der Stuttgarter Oberstudienrat Friedrich Wilhelm Klumpp, der durch die württembergische Missions- und Erweckungsbewegung[22] geprägt war, an Niethammers Konzeption an. Er setzte dem pädagogischen Humanismus, der durch Sprachstudien und das klassische Altertum den »Geist für das ideale Leben« erziehen wolle, ebenfalls den

---

18 Vgl. Eduard August Diller: Erinnerungen an Gotthold Ephraim Lessing, Zögling der Landesschule zu Meissen in den Jahren 1741–1746. Ein Wort zum Schutz des Humanismus und zur Erhaltung aller Zucht und Lehre. Meissen 1841, 79.

19 Vgl. ebd., 76.

20 Vgl. Wilhelm Braubach: Das Recht der Zeit und die Pflicht des Staates in Bezug auf die wichtigste Reform in der innern Organisation der Schule. Giessen 1833, 30.

21 Ebd., 4.

22 Vgl. Friedrich Wilhelm Klumpp: Das evangelische Missionswesen. Ein Ueberblick über seine Wirksamkeit und seine weltgeschichtliche und nationale Bedeutung. 2. Aufl. Stuttgart; Tübingen 1844 [1841].

auf Sachbildung angelegten Realismus entgegen.[23] Klumpp kannte aber auch den Philanthropinismus noch.[24] Er vollzog jedoch eine bemerkenswerte Erweiterung des Bildungsbegriffs. Niethammer hatte dem Humanismus noch eine nationale und universale Schlüsselfunktion zugewiesen. Klumpp erweiterte dies nun in »Humanismus mit christlicher und nationaler Richtung«[25] und ergänzte den religiösen Akzent des Christentums. Kultur beruhe auf dem Fortschreiten des menschlichen Geistes, hatte Klumpp zuvor wie Niethammer betont. Aber er hatte hinzugesetzt, sie beruhe auch auf dem »Christenthum und dem germanischen Grundcharakter«.[26] Durch diese Verkettung traten nun anstelle der klassischen Bildung der germanische (National-)Charakter und die christliche Richtung in das semantische Feld des pädagogischen, aber auf Nationalität und Universalität abzielenden Humanismuskonzepts Niethammers. Mit Christentum, Realismus und Germanismus waren klare Erweiterungen und Verschiebungen hinzugekommen.

Ebenfalls 1829 erschien in Leipzig eine Schrift *Humanismus. Eine vorläufige Schrift. Natur, Thier, Mensch, Engel, Gott* mit deutlichen Referenzen auf Niethammer, aber ohne Namensnennung. Das Buch solle »nur natürliche Philosophie des natürlichen Menschen«[27] enthalten und zwar in seiner Stellung zwischen den genannten Geistgattungen. Der Mensch wurde als Doppelwesen aus Geist und Sinnlichkeit gegenüber dem Tier gezeichnet.[28] Und die eigentliche Wissenschaft sei »Theoria, Idea«. Sie

---

23 Vgl. Friedrich Wilhelm Klumpp: Die gelehrten Schulen nach den Grundsätzen des wahren Humanismus und den Anforderungen der Zeit. Ein Versuch. 2 Bde., Stuttgart 1829f., hier: Bd. 1, 2.

24 Vgl. ebd., Bd. 2, 4.

25 Ebd., Bd. 1, 13.

26 Ebd., Bd. 1, 11. Vgl. die anonymen Bemerkungen zu Herrn Prof. Klumpp's Schrift: Die gelehrten Schulen nach den Grundsätzen des wahren Humanismus und den Anforderungen der Zeit. Von einem Freunde der vaterländischen Schulen. Tübingen 1829.

27 Vgl. C. Fr. Chr. Schüler: Humanismus. Eine vorläufige Schrift. Natur, Thier, Mensch, Engel, Gott. Philosophisch betrachtet. Leipzig 1829, xi.

28 Vgl. ebd., xxi. Engel werden trotz der Titelangabe nicht thematisiert.

liege »einzig im Schauen Gottes«.[29] Seinen Religionsbegriff entfaltete der Verfasser unter ausdrücklicher Aufnahme Schleiermachers in Verbindung mit einem ausgeprägten Individualitätsbewusstsein,[30] mit einer klaren Christusorientierung, der menschlichen Schuldbeladenheit, einer unendlichen Differenz gegenüber Gott[31] und zugleich im Zusammenhang mit dem Glauben an die »freie Gnade Gottes in Christo«.[32] Diese an nur wenigen Stellen als Humanismus bezeichnete Anthropologie war klar soteriologisch bestimmt. Aus der Schrift geht nicht hervor, ob der Autor einen bereits bestehenden Gegensatz von Christentum und Humanismus überbrücken oder überwinden wollte und auf welche Konzeption er sich bezog.

Nach momentanem Kenntnisstand liegen weitere Titel zum Humanismusthema nach Niethammer bis zu diesem Zeitpunkt nicht vor. Festzuhalten bleibt aber, dass um 1830 die Verbindung von Humanismus und Christentum als zwei eigenständigen, aber versöhnten oder symbiotisch verbundenen Kategorien vorhanden war.

2.4 Der Beginn einer Beziehung: Humanismus und Reformation

Schon[33] 1831 liegt mit dem in Leipzig publizierten Werk des Thüringer Pfarrers Wilhelm Schröter *Christianismus, Humanismus und Rationalismus in ihrer Identität. Ideen zur Beurtheilung der Reformation Luthers und des in ihr*

29 Ebd., xvii.

30 Vgl. ebd., 39, 114.

31 Vgl. ebd., 44–46.

32 Ebd., 180.

33 In bisherigen Studien wird das Gegenüber eines epochal verstandenen Humanismus zum Christentum in Gestalt der Reformation erst 1841/43 (Spitz) oder gar erst 1859/80 (Walther) angesetzt. Dem wird weiter unten nachzugehen sein. Vgl. Lewis W. Spitz: Art. Humanismus/Humanismusforschung. In: TRE 15 (1986), 639–661, hier: 639; Walther, Humanismus, 666. Vgl. hingegen unten Seite 37, Anm. 50.

wahrhaft Symbolischen erstmals ein Wortfeld vor, in dem später zentrale Segmente des Humanismusbegriffs in historischer und theologisch-philosophischer Hinsicht zusammengeführt sind. Nicht nur die Differenzierung zwischen Christianismus, Humanismus und Rationalismus ist hier entscheidend, nach derzeitigem Kenntnisstand findet sich hier erstmals auch die Verknüpfung mit dem Namen Luthers und damit der historische Zusammenhang zur Reformation. Die Schrift geht von einer Spaltung der drei genannten Strömungen aus und möchte sie in Gestalt eines lutherischen Christentums überwinden. Sie möchte das »Wesen des Christenthums« und das »Wesen des Menschen« miteinander versöhnen – zeitgenössisch hieß das, den »unedlen« Streit zwischen »Supernaturalisten und Rationalisten«.[34] Schröter bezog »Christianismus« klar auf Jesus Christus als den »reale[n] Idealmensch[en]« und das in ihm »reell gewordene Menschenideal«.[35]

Dieser offensichtliche Versuch der Christianisierung eines bereits gegen ein bestimmtes konfessionelles Christentum gerichteten Humanismusverständnisses besaß zudem eine antikatholische Flanke: Während der Humanismus in der katholischen Kirche als ein »Nichts« erscheine, habe das »Göttliche« und der »Geist Gottes in der Reformation, als der herrlichsten Offenbarung des inneren Lebens Luthers«, gewirkt.[36] Zwischen diesem reformatorischen »Christianismus« und dem »Wesen des Humanismus« besteht für Schröter kein Unterschied: »Der Humanismus in seiner Identität mit dem Christianismus«, lautet seine Definition.[37] Wer vom Humanismus den Christianismus abtrenne, gelange zwangsläufig zu einem »falsche[n] Begriff von Humanismus«.[38] Seine Angriffe auf die damaligen Parteigänger des theolo-

---

34 Wilhelm Schröter: Christianismus, Humanismus und Rationalismus in ihrer Identität. Ideen zur Beurtheilung der Reformation Luthers und des in ihr wahrhaft Symbolischen. Leipzig 1831, ivf.

35 Ebd., 11–13.

36 Ebd., 26, 3.

37 Ebd., 31.

38 Ebd., 23.

gischen Rationalismus Karl von Hase und Philipp Konrad Marheineke[39] verdeutlichen, was Schröter darunter verstand.

Auf dieser Linie liegt auch seine Begründung des aus der Logosspermatikos-Spekulation bis hin zum Hermetismus seit dem 15. Jahrhundert bekannten Arguments, dass Sokrates ein vollkommenerer Christ gewesen sei als manche Römer und Protestanten: Sokrates habe sein Heidentum durch die Vernunft »humanisiert, oder christianisirt«.[40] Diese Gleichsetzung nahm Schröter auch für Luther vor, dem er schlichtweg »reformatorischen Rationalismus«, wegen der Identität von Christentum und Humanismus aber eben auch einen von Christus befruchteten Geist ausgerechnet dort bescheinigte, wo er sich von der augustinischen Religionsphilosophie unabhängig gemacht habe.[41] Entscheidend für Schröter ist offenbar die Front gegen diesen Augustinismus, die durch die Identität zwischen (nichtkatholisch-evangelischem) Christentum und Rationalismus generiert wird.

2.5 Humanismus im Lutherkanon? Luther und Erasmus nach Niethammer

Wilhelm Schröter hatte trotz der behaupteten engen Relation zwischen Christianismus, Rationalismus und Humanismus auch die Schrift Luthers erwähnt, die später am stärksten als ›antihumanistisch‹ betrachtet wurde: *De servo arbitrio*.[42] Das war in der zeitgenössischen Forschung keinesfalls selbstverständlich, vielmehr hatte die Reformations- und Lutherforschung offenbar große Probleme mit diesem Text. Leopold von Ranke ließ ihn in seiner monumentalen *Deutschen Geschichte im Zeitalter der Reformation* schlicht unerwähnt, auch einen Konflikt zwischen Luther

39 Vgl. ebd., 42ff.

40 Ebd., 107. Dadurch sei das Heidnische bei Sokrates zur toten Hülle geworden.

41 Ebd., 144, 151.

42 Vgl. ebd., 152–157, mit ausführlichen Zitaten, auch der berühmten Reittier-Passage.

und Erasmus gab es hier nicht.[43] Niethammer selbst, der 1817, zum 300. Jubiläum des Thesenanschlags, eine Textsammlung von Luther-Schriften herausgab, nannte zwar Reuchlin, Melanchthon und Erasmus, ohne sie allerdings unter den Begriff des Humanismus zu rubrizieren. Dass es Konflikte zwischen Erasmus und Luther in der Anthropologie gegeben hätte, kam bei Niethammer ebenso wenig vor wie *De servo arbitrio*.[44] Auch Johann Georg Plochmann, der 1826 die Vorrede und einen recht ausführlichen Überblick über Luthers Leben für die 65-bändige Erlanger Werkausgabe Luthers schrieb, kannte den Humanismusbegriff nicht und würdigte hier Erasmus mit keinem Wort.[45] Das Sachregister dieser Ausgabe von 1857 enthält immer noch nicht den Eintrag Humanismus, erwähnt dafür aber jetzt Luthers Schrift *vom knechtischen Willen*, die Erasmus nicht habe widerlegen können.[46] In der riesigen Werkedition ist *De servo arbitrio* aber gar nicht enthalten. Diese Nichterwähnung traf auch auf Hans Lorenz Andreas Vent zu, der das Vorwort für die Hamburger Lutherausgabe verfasste.[47] Erst die 1840 von Gustav Pfitzer herausgegebene populäre einbändige und mehr als 1500 Seiten umfassende Lutherausgabe enthielt *De servo arbitrio* – allerdings ohne den Humanismusbegriff.[48]

---

43 Vgl. Leopold von Ranke: Deutsche Geschichte im Zeitalter der Reformation. 6 Bde. Berlin 1839–1847. Erasmus erscheint zwar als »der erste große Autor der Opposition in modernem Sinne« (ebd., Bd. 1, 1839, 264), eine Kontroverse mit Luther kommt hier aber nicht vor.

44 Vgl. Die Weisheit D. Martin Luthers, hg. Friedrich Immanuel Niethammer. 2. Aufl. 2 Bde., Nürnberg 1817.

45 Vgl. Johann Georg Plochmann: Vorrede. In: Dr. Martin Luther's sämmtliche Werke. Erster Band. Erste Abtheilung. Homiletische und katechetische Schriften, hg. von Johann Georg Plochmann. Erlangen 1826, v-xii; Ders.: Das Leben D. Martin Luthers. In: ebd., 1–66.

46 Ebd., Bd. 66, 217.

47 Vgl. Hans Lorenz Andreas Vent: Vorwort. In: Martin Luther: Werke. In einer das Bedürfniß der Zeit berücksichtigenden Auswahl. Erster Theil, hg. von Hans Lorenz Andreas Vent. 2. Aufl. Hamburg 1827, iii-xvi.

48 Vgl. Die Werke Martin Luthers, hg. von Gustav Pfitzer. Frankfurt a.M. 1840, 645–751.

Steht diese merkwürdige Ausblendung des Erasmus-Streits aus der konfessionellen Lutherforschung der ersten Jahrzehnte des 19. Jahrhunderts im Zusammenhang mit den »Humanitäts«-Vorstellungen[49] bei Erasmus und mit Niethammers Konzept, in dem der Humanismus-Begriff auf einen dezidiert freien und vernunftfähigen Menschen festgelegt worden war, der nur schwerlich mit Luthers *De servo arbitrio* harmonisiert werden konnte? Wie und in welchem Kontext begannen diese Referenzen zu kollidieren? Wann genau kann man davon sprechen, dass »Humanismus« überhaupt mit der Renaissancephilosophie, besonders der erasmischen, zu einem anthropologischen Paradigma verschmolz, das entweder Antipode oder identisch war mit dem reformatorischen Christentum?

2.6 Humanismus als Wissenschaft, Geist und Epoche neben der Reformation: Hagen

Dass es bis zum Vormärz keine klaren Zuschreibungen gab, ist gezeigt worden: Humanismus changiert zwischen Bildung und Anthropologie, aber nicht als Epoche und nicht als Geist, der aus dem Altertum stammen würde und danach in der Geschichte wirksam geworden sei – in einem wie auch immer gearteten Verhältnis zum Christentum. Spätestens im Falle Schröters scheint aber bereits deutlich zu werden, dass es offenbar einen bestimmten Bruch zwischen Christentum und Humanismus in den Debatten gegeben hatte, den Schröter zu kitten versuchte. Dies trifft nicht auf die nach derzeitigem Kenntnisstand erste Erwähnung des Humanismus als *Bewegung* in der Frühen Neuzeit zu.

---

49 Vgl. z.B. Desiderius Erasmus von Rotterdam: Querela Pacis undique Gentium ejectae profligataeque. Die Klage des Friedens, der von allen Völkern verstoßen und vernichtet wurde. In: Ders.: Ausgewählte Schriften, hg. von Werner Welzig. Bd. 5, Darmstadt 1995, 360–451, hier: 367, 447 passim und im Gesamtwerk. Vgl. nach wie vor: Kurt von Raumer: Erasmus von Rotterdam. Der Humanist und der Friede. In: Ders.: Ewiger Friede. Friedensrufe und Friedenspläne seit der Renaissance. Freiburg i.Br.; München 1953, 1–21.

In der Literaturgeschichte Ludwig Wachlers von 1823 werden an wenigen Stellen Humanismus und Mystizismus parallelisiert, die von der zweiten Hälfte des 15. bis ins 16. Jahrhundert hinein den »scholastischen Dogmatismus« bekämpft hätten. Humanismus ist mit den klassischen Sprachen, Ästhetik, Einbildungskraft, aber auch mit der Behauptung der »heiligsten Rechte und Ansprüche des mündigeren Menschengeschlechtes gegen den engherzigen Starrsinn der für ihre Alleinherrschaft über Geist und Wissenschaft streitenden Zunftgenossen« verbunden.[50] Mit Erasmus und Reuchlin werden auch Vertreter der »Morgenröthe humanistischer Geistesbildung«[51] benannt. Dies bezieht sich aber nur auf die humanistischen Sprachstudien im engeren Sinne,[52] und zwar zuweilen im Unterschied zur »realistische[n] Richtung«.[53] Es scheint so, dass Wachler sich dem auf den klassischen Sprachen liegenden Akzent von Niethammers Humanismusbegriff[54] angeschlossen hat.

Der genauere Weg muss zunächst unbeleuchtet bleiben, der zwischen Wachler, Schröter (1831) und dem Autor liegt, der als erster und klar über Wachlers Erwähnungen hinaus den Humanismus umfassend[55] als eine Bewegung seit dem 15./16. Jahrhundert und als eigene Strömung neben der Reformation konzipiert hat: Karl Hagen, wie auch

50 Ludwig Wachler: Handbuch der Geschichte der Litteratur. Bd. 2: Geschichte der Litteratur im Mittelalter. 2. Aufl. Frankfurt a.M. 1823, 246, 259, 262f. Vom Platonismus, Hermetismus und der Kabbala Ficinos, Plethons und Pico della Mirandolas ist der Humanismus aber unterschieden, ebd., 263. In den späteren Bänden werden die humanistischen Studien als Sprachenunterricht bis ins 18. Jahrhundert verfolgt, vgl. Bd. 4 (1824), 56, 62 passim. Es ist das Verdienst Baabs, Humanismus, 33f., als erster die Verwendung des Humanismusbegriffs bei Wachler nachgewiesen zu haben.

51 Wachler, Handbuch, Bd. 4 (1824), 30.

52 Vgl. ebd., Bd. 4 (1824), 9–11, 17f.

53 Ebd., Bd. 4 (1824), 25.

54 Niethammers Streit des Philanthropinismus und Humanismus wird ausdrücklich genannt, vgl. ebd., Bd. 4 (1824), 197.

55 Das explizite konzeptionelle Gewicht des Humanismusbegriffs bei Hagen wird bei Baab, Humanismus, 34f. unterschätzt, da er offenbar nicht Bd. 3 zur Kenntnis genommen hat.

der Theologe und Reformationshistoriker Wilhelm Zimmermann[56] ein »progressiver Historiker im Vormärz«, 1848 zur Nationalversammlung entsandt von der Stadt Heidelberg, wo er von 1838 und 1849 als Dozent und Professor wirkte. Er gilt als »radikaler Demokrat und politischer Erzieher«.[57] Sein reformationsgeschichtlicher Ansatz ist in drei Bänden und in einer auffälligen und von ihm selbst[58] eingeräumten Gleichzeitigkeit zu Rankes *Opus magnum* sowie zu Zimmermanns monumentaler Bauernkriegsgeschichte entstanden. Hagen erblickt drei Richtungen der »Opposition«[59] oder »entgegengesetzte Richtungen«[60] vor allem gegenüber den kirchlichen Zuständen,[61] gegenüber Rom[62] und gegenüber der Scholastik:[63] eine volksmäßige, eine religiöse und eine humanistische Richtung,[64] die sich zunehmend miteinander verbanden. Die Vertreter der humanistischen Richtung fungieren hier – wie in Niethammers Konzept – als Repräsentanten des Studiums der klassischen Sprachen, aber sie sind zugleich auch Kirchenkritiker.[65] Humanismus wird dann mit den »Keime[n] der neueren wissenschaftlichen Richtung«, an anderer Stelle mit der wissenschaftlichen Richtung

---

56 Wilhelm Zimmermann: Allgemeine Geschichte des grossen Bauernkrieges: nach handschriftlichen und gedruckten Quellen. 3 Bde., Stuttgart 1841–1843 [viele Aufl., zuletzt (11. Aufl.) Berlin (Ost) 1989].

57 Vgl. Günther Mühlpfordt: Karl Hagen. Ein progressiver Historiker im Vormärz über die radikale Reformation. In: Jahrbuch für Geschichte 21 (1980), 63–101; Eike Wolgast: Karl Hagen in der Revolution von 1848/49. Ein Heidelberger Historiker als radikaler Demokrat und politischer Erzieher. In: Zeitschrift für die Geschichte des Oberrheins, N.F. 94 = 133 (1985), 279–299.

58 Karl Hagen: Deutschlands literarische und religiöse Verhältnisse im Reformationszeitalter. Mit besonderer Rücksicht auf Wilibald [sic!] Pirckheimer. 3 Bde. Erlangen 1841–1844, hier: Bd. 1 (1841), vi.

59 Ebd., Bd. 1, 377.

60 Ebd., Bd. 1, 32.

61 Vgl. ebd., Bd. 1, 364.

62 Vgl. ebd., Bd. 1, 475.

63 Vgl. ebd., Bd. 1, 278.

64 Vgl. ebd., Bd. 1, 32.

65 Vgl. ebd., Bd. 1, 39, 79.

der Opposition insgesamt identifiziert.[66] Und dazu gehört neben Erasmus, Reuchlin, Pico della Mirandola und anderen nun auch Luther.[67] In der Reformation kommt eine »Vereinigung der volksmässigen, humanistischen, religiösen Opposition« zustande.[68] Humanismus ist hier also eine Bildungsbewegung – denn über die reine Sprachenbildung geht es wie in Niethammers Konzept auch bei Hagen klar hinaus. Es geht um »Bildung des Geistes und des Herzens«.[69]

Humanismus besitzt aber als Wissenschaft mit Bildungsprogramm zugleich erstmals einen eigenen Stellenwert gegenüber der Religion. Denn bei Hagen findet sich, soweit ich sehe, erstmals die Behauptung, der italienische »Humanismus« habe sich gegenüber Christentum und Kirche indifferent verhalten, anders als in Deutschland. Erasmus etwa sei Vertreter der »freieren Richtung der christlichen Theologie« gewesen.[70] Zwischen Humanismus als Wissenschaft und Bildung und Christentum und Theologie wird also für das eine Land eine synthetische, für das andere Land eine zunächst lediglich differente Beziehung behauptet. Damit ist der »Humanismus« erstmals als Geschichtsmacht in die Deutehorizonte eingezogen.

Im Vorwort zum zweiten Band seiner Reformationsgeschichte unterstrich Hagen sein Bemühen, die verschiedenen oppositionellen Strömungen historisch unter einem Dach zu vereinen. Er wies alle früheren Versuche zurück, Reformation lediglich aus dem Blickwinkel einer protestantischen Kirchenlehre zu betrachten und die anderen, nicht mit der protestantischen Kirchenlehre konform gehenden oder ihr gegenüber in entschiedener Opposition stehenden »Bestrebungen« nicht zu beachten oder »doch schief« zu beurteilen.[71] Dann unterschied Hagen zwischen dem Protestantismus in den Kirchen seit dem 16. Jahrhundert und der über den Protestantismus hinausgehenden, viel großartigeren,

---

66 Ebd., Bd. 1, 99, 208.

67 Ebd., Bd. 1, 232f., 256, 464.

68 Ebd., Bd. 1, 377.

69 Ebd., Bd. 1, 279.

70 Vgl. ebd., Bd. 1, 323.

71 Vgl. ebd., Bd. 2 (1843), ix.

bedeutenderen und umfassenderen »ursprüngliche[n] Tendenz der Reformation«.[72] Anstelle der drei im ersten Band genannten Strömungen kannte er nun eine nationale Opposition und die »Opposition der Humanisten« *neben* Luther und seiner Leipziger Opposition.[73] Es scheint so, dass Hagen die zeitgenössischen Linien der 1840er Jahre in diese Bestimmung übertrug, um sie im republikanischen Sinne zu einer gemeinsamen Frontstellung zu bringen.

1843 und im dritten Band 1844 verschärfte Hagen seine Reformationsgeschichte aber zu einer generellen Protestantismuskritik. Denn jetzt betrachtete er den Protestantismus als »Abart« des eigentlichen und ursprünglichen Wesens der Reformation, deren Fortbestand ihm gleichgültig sei und die er genauso »rücksichtslos« schildern wolle wie er das im Falle der katholischen Kirche getan habe.[74] Nun werden die in den Bänden zuvor synthetisierten oppositionellen Bewegungen zu »Gegensätze[n] innerhalb der reformatorischen Bewegung«.[75] Neben einer ganzen Palette von Konflikten wird nun der Streit zwischen Erasmus und Luther thematisiert – zeitlich auffällig parallel zu der Aufnahme dieser Debatte in den populären Lutherkanon.

Vor allem aber wird das Gewicht auf eine »freiere Richtung der Opposition«[76] gelegt, deren Vertreter den echten »reformatorischen Geist«[77] repräsentierten. Hier seien die drei Faktoren volksmäßig, religiös und humanistisch noch zusammengekommen, in einer schillernden Gruppe, die bis in die Historiographien des 21. Jahrhunderts zwischen »Humanisten«, Hermetikern, Spiritualisten und vor allem Täufern changiert und die der demokratische Opponent Hagen offenbar als seinen geistigen Ahnherrn betrachtete. Die drei Bände laufen

72 Ebd., Bd. 2, x.

73 Ebd., Bd. 2, 27, 47.

74 Ebd., Bd. 3 (1844), vii.

75 So der Titel des gesamten 1. Kapitels in ebd., Bd. 3 (1844), 1–141.

76 Ebd., Bd. 3 (1844), 314.

77 Ebd., Bd. 3 (1844), 246f. Hagen nennt u.a. Erasmus, Agrippa von Nettesheim, Christoph Fürer, Hans Denck, Ludwig Hätzer, Johann Bünderlin, Johann Campanus, Michael Servet, vgl. ebd., Bd. 3 (1844), 246f., sowie an vielen Stellen die Täufer.

auf die Krone und den Abschluss der Reformation hinaus: »Sebastian Franck, der Vorläufer der neueren deutschen Philosophie«.[78] Franck habe die freiere Richtung der Opposition vertreten und sei zugleich »Repräsentant der reformatorischen Richtung« gewesen. Franck war damit auch »Vorläufer einer neuen Entwicklung des menschlichen Geistes«.[79] Entscheidend ist nun, dass Hagen ein spannungsreiches Verhältnis zwischen der »neuen Orthodoxie«[80] und den übrigen reformatorischen Strömungen und insbesondere zum Humanismus diagnostizierte. Damit sind reformatorische Orthodoxie und Humanismus verschiedene Strömungen, die zum reformatorischen Geist zusammengeflossen, aber durch die Erstarrung einer neuen Orthodoxie wieder auseinandergefallen seien, obwohl das »humanistische Element« trotz Bekämpfung und dann Vernachlässigung durch die Reformatoren[81] überlebt habe. Die biblische, »minder« freie Richtung sei als mystische Richtung etwa von Jakob Böhme weitergeführt worden. Die unfreie Richtung habe hingegen den »Namen der Reformation oder des Protestantismus für sich vorzugsweise in Anspruch« genommen.[82] Im 18. Jahrhundert seien diese drei Richtungen erneut vereinigt worden: die freie mystische oder rationalistische (!), die humanistische und die »nationale volksmäßige« Richtung hätten den »gewaltigen Aufschwung in dem Geiste und in der Literatur unseres Volkes« hervorgebracht, »an welchem wir jetzt noch zehren«.[83]

Ob Karl Hagen mit seiner Konzeption auch Niethammers Humanismusbegriff rezipiert hat, muss derzeit ungeklärt bleiben. Die gemeinsame Opposition von Humanismus und Mystizismus gegen die Scholastik, die Verbindung des Humanismus mit Antike und dem Ideal eines »mündigeren«[84] Menschen könnte Hagen von Wachler übernom-

78 Ebd., Bd. 3 (1844), 314–396.
79 Ebd., Bd. 3 (1844), 314.
80 So der Titel des gesamten 2. Kapitels in ebd., Bd. 3 (1844), 142–200.
81 Vgl. ebd., Bd. 3 (1844), 459–461.
82 Ebd., Bd. 3 (1844), 459.
83 Ebd., Bd. 3 (1844), 461. Hier fällt allerdings nicht das Stichwort Aufklärung.
84 Wachler, Handbuch, Bd. 2, 263.

men haben. Beide kennen aber keine grundsätzliche Distanz oder Entgegensetzung von Humanismus und Christentum. Bei Hagen fehlt jedoch der Bezug auf bloße Sprachbildung und auf die *humanistas* der Frühen Neuzeit.

Eine neue Verhältnisbestimmung des Beziehungsgeflechts Humanismus – Bildung – Geschichte – Religion war aber: dass Humanismus mit dem Wesen der Reformation klar kollidiert sei; dass er in der anthropologischen Auseinandersetzung zwischen Erasmus und Luther zum Ausdruck gekommen sei; dass er als wissenschaftliche und gleichzeitig freigeistige Richtung den wahren reformatorischen Geist gegenüber dem (Staats-) Protestantismus und dem Pietismus als Orthodoxie[85] zu Hagen transportiert habe.

Bei Hagen wurde Humanismus ein Geschichte gewordener Geist, der mit anderen Geistern vorübergehend föderieren konnte, aber letztlich »Ideen von Freiheit und Humanität«[86] transportierte, die Hagen in der politischen Lage des Vormärz verloren gegangen glaubte. Humanismus ist bei Hagen christlich, pädagogisch, ein Geschichte gewordenes und durch die Geschichte stets wirkendes Wesen, das vor allem im Gegenüber zur Reformation arbeitet, zuerst symbiotisch und dann im Konflikt.

Über seine Verbindung mit Friedrich Fröbel und Johann Heinrich Pestalozzi[87] wirkte Hagen auch im reformpädagogischen Bereich. Er warb für freie Schulen und brachte »Humanismus« als pädagogisches und zugleich politisch-oppositionelles Programm ein. Humanismus war aber nicht gegen das Christentum gerichtet, geschweige denn irreligiös. Er stand in spiritualistisch-humanistischer Tradition und dabei im Gegensatz zur zeitgenössischen, staatgewordenen Orthodoxie. In einem 1845 veröffentlichten Text *Über Nationale Erziehung* bezeichnete

85 Hagen, Verhältnisse, Bd. 3 (1844), 462.

86 Ebd., Bd. 3 (1844), 458.

87 Vgl. Karl Hagen: Über Nationale Erziehung. Mit besonderer Rücksicht auf das System Friedrich Fröbels [1845]. In: Friedrich Fröbel und Karl Hagen. Ein Briefwechsel aus den Jahren 1844–1848, hg. von Erika Hoffmann. Weimar 1948, 97–136, hier: 99f.

er den Humanismus ganz offen als Bewegung seit dem 14. Jahrhundert, die durch das Studium der alten Sprachen und durch Profanisierung den Geschmack ausgebildet hätte und nach anfänglicher Unterstützung durch die Reformatoren mit diesen in Konflikt geraten sei.[88] Ohne seinen Namen zu nennen, dürfte Hagen dann Niethammer referiert haben, wenn er als Beispiel für die Reduktion der Pädagogik auf »Brauchbarkeit« und »Nützlichkeit« Basedow nannte, dessen »Realismus« er vom Humanismus und Pietismus unterschied. Erst Ende des 18. Jahrhunderts sei zum Humanismus Kants Philosophie dazugekommen. Seine Erfüllung habe diese Integration bei Pestalozzi und dem Konzept der »Bildung des ganzen Menschen« erlangt. Erneut verschärfte Hagen jetzt die antikirchliche und nun auch antidogmatische Schlagseite seines wissenschaftlichen Humanismus, indem er sich mit dem Hinweis auf die USA unter anderem gegen einen obligatorischen Religionsunterricht insgesamt aussprach, weil Religionsunterricht »Haß« erzeuge.[89] Man könnte sagen, dass Hagen damit einen ersten Kreis schloss, indem er den Humanismus als historische Bewegung parallel zur Reformation nun mit dem pädagogischen Konzept Niethammers zusammenführte, das er in Fröbel und Pestalozzi erfüllt sah.

Es wäre in diesem Zusammenhang auch noch einmal auf Hagens Differenz gegenüber Ranke hinzuweisen. Denn anders als bei Hagen kam bei Ranke der Luther-Erasmus-Konflikt nicht vor. Humanismus ist als Begriff bei ihm nicht vorhanden, auch wenn er die »Bekanntschaft« mit dem klassischen Altertum als den »mächtigsten inneren Antrieb« für den »deutsche[n] Geist«[90] am Anfang des 16. Jahrhunderts betrachtete. Allerdings existieren zwischen dem Altertum und der Reformation bei Ranke keine Gegensätze, sondern Harmonie. Bei Hagen war Humanismus demgegenüber in Opposition zur Kirche – nicht zum Christentum – geraten.

88 Ebd., 101–103.

89 Ebd., 124–126.

90 Ranke, Reformation, Bd. 5 (1843), 465.

2.7 Humanismus als Interludium: Marx, Engels, Marxismus

Erst mit Karl Hagen war der »Humanismus« im Vormärz als politisch affizierter, alternativreligiöser, kirchenkritischer und zugleich pädagogischer Begriff verankert. Er projizierte zugleich die zeitgenössischen Frontstellungen ins 15./16. Jahrhundert zurück. Bei mehreren linkshegelianischen Autoren geriet er nun auch zu einem Komplement für sozialistische Theorien. Nach Hagens Neuverortung und im Zusammenhang mit anderen Debatten am Anfang der 1840er Jahre wird 1844 in der *Heiligen Familie* von Marx und Engels ein materialistischer Humanismusbegriff angedeutet:

> »Der reale Humanismus hat in Deutschland keinen gefährlicheren Feind als den Spiritualismus oder den spekulativen Idealismus, der an die Stelle des wirklichen individuellen Menschen das ›Selbstbewußtsein‹ oder den ›Geist‹ setzt und mit dem Evangelisten lehrt: ›Der Geist ist es, der da lebendig macht, das Fleisch ist kein Nütze.‹ Es versteht sich, daß dieser fleischlose Geist nur in seiner Einbildung Geist hat.«[91]

Was Humanismus genau ist, wird hier nicht definiert, genannt wird lediglich die Abgrenzung gegen den Spiritualismus – damit dürfte die zeitgenössische Debatte um den Spiritismus gemeint sein[92] – und gegen den Idealismus offenbar in Anknüpfung an Fichte und an idealistische Gegner aus dem Umfeld der Hegelianer.

---

91 Joh 6,63; Karl Marx und Friedrich Engels: Die heilige Familie (September 1844). In: Dies.: Werke (MEW). Bd. 2, Berlin (Ost) 1967, 3–223, hier: 7 (Vorrede).

92 Vgl. zur erst im Umfeld von Alan Kardecs *Buch der Geister* vollzogenen Unterscheidung zwischen Spiritismus und Spiritualismus sowie insgesamt Sawicki, Leben, 267–296, passim; Daniel Cyranka: Wofür steht das Jahr 1848? Religionsgeschichtliche Erkundungen im Kontext von Religion, Wissenschaft und Politik. In: Berliner Theologische Zeitschrift 32 (2015), Heft 2, 289–318; sowie zum Referenzrahmen des Spiritismus Friedemann Stengel: Lebensgeister – Nervensaft. Cartesianer, Mediziner, Spiritisten. In: Monika Neugebauer-Wölk, Renko Geffarth und Markus Meumann (Hg.): Aufklärung und Esoterik: Wege in die Moderne. Berlin; Boston 2013, 340–377.

Genauer wurde Marx im selben Jahr in den *Ökonomisch-philosophischen Manuskripten*. Denn hier erscheint der Humanismus mehrfach, unterschieden von Idealismus und Materialismus, zuweilen gleichgesetzt mit Naturalismus.[93] Nun wird Humanismus aber an Atheismus und Kommunismus gekoppelt: Der Atheismus sei als Aufhebung Gottes das »Werden des theoretischen Humanismus«, während der Kommunismus das »Werden des praktischen Humanismus« sei.[94] An dieser Stelle ist Humanismus der Oberbegriff für Theorie und Praxis des marxistischen geschichtsphilosophischen Projekts, im Sinne einer menschzentrierten Philosophie, die auf Realisierung drängt. Diese Konnotation war radikal neu: Humanismus galt nicht mehr als nur kirchenkritisches, sondern als atheistisches Konzept. Damit war die von allen Autoren seither behauptete religiöse und alternativchristliche Füllung des Begriffs nicht nur ergänzt, sondern liquidiert worden. Der Signifikant wurde durch einen anderen Deutungszusammenhang umgeschrieben, der mit den bisherigen, teilweise komplementären Konnotationen an entscheidender Stelle brach. Die Behauptung einiger Autoren, unter anderem von Michael Schmidt-Salomon, Marx habe einen »kategorischen Imperativ des Humanismus« gefordert, ist als irrtümliche Verbindung von Kants Moralphilosophie mit Marx' kurzzeitigem Humanismuskonzept gründlich widerlegt worden.[95]

Aber zunächst ist innezuhalten: Es blieb nicht bei der atheistischen Begriffsfüllung in der kommunistischen Literatur, denn schon 1848 war im *Manifest der Kommunistischen Partei* der kurz zuvor so zentrale Begriff nicht nur ganz verschwunden. Zusammen mit den Philanthropen wurden nun die Humanisten ausdrücklich zu den Strömungen gezählt, die »den sozialen Mißständen« lediglich abhelfen wollten, um den Bestand

93 Vgl. Karl Marx: Ökonomisch-philosophische Manuskripte (Erste Wiedergabe). In: Dies.: Gesamtausgabe (MEGA). Berlin (Ost), Bd. I.2 (1982), 187–322, hier: 295; Zweite Wiedergabe, 323–438, hier: 389, 408.

94 Ebd., 301 (Erste Wiedergabe).

95 Von Baab, Humanismus, 159, 191.

der bürgerlichen Gesellschaft zu sichern.[96] Diese Abwendung von »revisionistischen« oder kleinbürgerlichen Reformern war fortan geradezu typisch für die kommunistische Bewegung. Im *Manifest* umfasste sie im Rundumschlag die seit Niethammer voneinander getrennten reformpädagogischen Gruppierungen der Humanisten *und* der Philanthropen, die den Menschen bilden wollten, aber nicht die Veränderung der gesellschaftlichen Verhältnisse, vor allem der Macht- und der Eigentumsverhältnisse, anstrebten.

Vier Jahre später lieferten Marx und Engels die Erklärung für dieses humanistische Interludium der frühen kommunistischen Bewegung. In ihrem Buch über *Die großen Männer des Exils* rechneten sie mit dem früheren linkshegelianischen Parteigänger Arnold Ruge ab, der sich einige Jahre zuvor »hinter den *Humanismus*« gerettet habe, »jener Phrase, womit alle Konfusionarier in Deutschland von Reuchlin bis Herder ihre Verlegenheit bemäntelt haben«. Ruge habe sich bis heute mit »Verzweiflung an sie« geklammert und behauptet, nun sei in Deutschland der Humanismus an der Tagesordnung.[97]

Offenbar hatte Ruge den Humanismusbegriff derartig zentral besetzt, dass die »Klassiker« des Marxismus ihn fallen ließen, denn Ruge nahm ihn als eine idealistische und alternativ-religiöse, vor allem aber als nicht-materialistische Gesellschaftsalternative in Anspruch und verband sie mit pädagogischen und sozialistischen Aspekten. Ob Marx und Engels nur wegen Ruges Texten ganz vom Humanismus abrückten, lässt sich nicht mit Sicherheit sagen, denn der Konflikt zwischen Marx und Ruge hatte sich schon 1843/44 angekündigt.[98]

---

96 Karl Marx und Friedrich Engels: Manifest der Kommunistischen Partei. Grundsätze des Kommunismus. In: MEW, Bd. 4 (8. Aufl. 1977), 461–493, hier: 488.

97 Karl Marx und Friedrich Engels: Die großen Männer des Exils (1852). In: MEW, Bd. 8 (1960), 233–335, hier: 278 [Hervorhebung im Original]; vgl. Baab, Humanismus, 45.

98 Vgl. Hubert Kiesewetter: Karl Marx und die Menschlichkeit. Berlin 2011, 33. Um 1845 verwendete auch Max Stirner an wenigen Stellen »Humanismus« als Gegenbegriff zum Egoismus, als Komplementärbegriff zum Kommunismus, als Ersatzbegriff für die altgriechische Sophistik und als Gegenbegriff zu Reforma-

Entscheidender linkshegelianischer Autor für die Humanismusdebatte dürfte Ruges und Marx' zeitweiliger Weggefährte Moses Hess gewesen sein. Hess hatte den Humanismus 1844 als das »wesentlich deutsche Element«, ja als »Wesen«[99] der deutschen Philosophie überhaupt bezeichnet, das dem »Sozialismus« in Deutschland seit 1843(!) »zugewachsen« sei, während der praktische Humanismus aus dem französischen Sozialismus stamme. Seither seien die »besten Geister Deutschlands für den Sozialismus gewonnen« worden.[100] Wahren Humanismus hatte Hess als Theorie und Praxis übergreifende »Lehre vom Menschen« und von der menschlichen Gesellschaft betrachtet. In Anknüpfung an Feuerbach betrachtete er die Theologie als Anthropologie. Aber über Feuerbach hinaus betonte er »das gesellschaftliche Wesen« und den gemeinsamen Zweck verschiedener Individuen, daher sei der wahre Humanismus die »Lehre von der menschlichen Gesellschaftsordnung, d.h. Anthropologie ist Sozialismus«.[101] Wie bei Marx werden die Prinzipien des Humanismus und der sozialen Gerechtigkeit im Kommunismus erfüllt.[102] Inwiefern sich hierin Karl Hagens gleichzeitige Konzeption niedergeschlagen hat, wäre noch zu erforschen.

Marx und Engels hatten Humanismus 1848 nicht nur als idealistisches Konzept zurückgewiesen. Sie hatten mit ihrer Abwendung die Bestimmung des Begriffs als historische Bewegung von der Reformationszeit bis zur Aufklärung und durch Ruge in die Zeitgenossenschaft zu-

tion und Christentum (!). Vgl. Max Stirner: Der Einzige und sein Eigenthum. Leipzig 1845, 34, 413.

99 Vgl. Moses Hess: Über die sozialistische Bewegung in Deutschland (1844). In: Ders.: Philosophische und sozialistische Schriften 1837–1850, hg. von Auguste Cornu und Wolfgang Mönke. Berlin (Ost) 1961, 284–307, hier: 286.

100 Ebd., 304.

101 Ebd., 293; Zwi Rosen: Moses Hess (1812–1875). In: Klassiker des Sozialismus. Bd. 1, hg. von Walter Euchner. München 1991, 121–138, hier: 129.

102 Vgl. ebd., 137. Hochkonjunktur hatte der Humanismus-Begriff bei Hess Mitte der 1840er Jahre. Vgl. auch Wolfgang Mönke: Neue Quellen zur Hess-Forschung. Mit Auszügen aus einem Tagebuch, aus Manuskripten und Briefen aus der Korrespondenz mit Marx, Engels, Weitling, Ewerbeck u.a. Berlin (Ost) 1964, 55f. passim.

gleich anerkannt. Damit war die historiographische Konnotation, die Hagen vorgenommen hatte, mit der Abweisung durch Marx und Engels dennoch fortgeschrieben worden. Zugleich war die von Marx 1844 hergestellte Verbindung Atheismus-Kommunismus-Humanismus wieder fallen gelassen worden. Durch die Nennung von Reuchlin und Herder war hingegen klar gemacht, dass Humanismus mit klassischen Sprachen und mit Religion zu tun hatte und nichts anderes als eine religiöse Bewegung war, unter die für Marx und Engels letztlich der Idealismus fiel.

Dies war nach derzeitigem Kenntnisstand nachhaltig. Der Humanismusbegriff verschwand 1848 für lange Zeit als gleichsam ›feindlich‹ annektierter Begriff aus dem Wortschatz der sozialistisch-kommunistischen Literatur. Erst in der Volksfrontbewegung der 1930er Jahre scheint er wieder positiv konnotiert aufgetaucht zu sein,[103] bevor er in der DDR im schillernden Vokabularium des »Kirchenkampfes« – also dem christlichen Humanismus entgegengesetzt – oder als Kompromissterminus zur Beschreibung eines gemeinsamen Nenners zwischen Marxisten und Christen eingesetzt wurde.[104]

---

103 Vgl. Walter Rüegg: Art. Humanismus II. Philosophisch. In: RGG³ 3 (1959), 479–482, hier: 480.

104 Hartmut von Hentig berichtet von einer Humanismustagung in Wittenberg 1961, bei der Humanismus »nicht ein einziges Mal definiert und der Humanismus des jungen Marx« von den anwesenden DDR-Wissenschaftlern nicht erwähnt worden sei, obwohl er offizieller Parallelbegriff der SED zum Sozialismus war. Ausgerechnet ein Westdeutscher habe auf den Humanismus bei Marx hingewiesen, vgl. Hartmut von Hentig: Humanismus und die DDR – Von der Ohnmacht des Namens. In: Frankfurter Hefte 16 (1961), 81–92, hier: 85. Das ist eine bemerkenswerte Feststellung angesichts der seit Oktober 1960 hochkonjunkturellen Benutzung des Humanismusbegriffs durch die Staats- und Parteiführung der DDR. Am 4.10.1960 hatte Walter Ulbricht in einer Programmatischen Erklärung behauptet: »Das Christentum und die humanistischen Ziele des Sozialismus sind keine Gegensätze«. Vgl. Marxisten und Christen wirken gemeinsam für Frieden und Humanismus, hg. vom Staatsrat der Deutschen Demokratischen Republik. Berlin (Ost) 1964, 85f. Zu diesen Zusammenhängen siehe nun Blume, Humanismus.

2.8 Humanismus als Loge, Religion und unsichtbare Kirche: Ruge

Im 19. Jahrhundert spielte der Humanismus terminologisch und inhaltlich bei den marxistischen Autoren keine Rolle mehr, anders als später etwa in der DDR. Aber die Spur, die sich seit der paradigmatischen Verfestigung des Humanismus in der Pädagogik, in der Historiographie, Philosophie, Theologie, mithin: in der Kulturgeschichte verfolgen lässt, kommt weder an Karl Hagen vorbei noch an Arnold Ruge, einem weiteren Junghegelianer, der wie Hagen als Abgeordneter in der Frankfurter Nationalversammlung saß, als Vertreter der radikaldemokratischen Reformpartei Deutschlands und Gesandter Breslaus. Er war schon seit 1826 von Festungshaft betroffen gewesen und hatte in den 1840er Jahren längere Zeit im Exil verbracht. Der habilitierte Philosoph Ruge hatte auch bei Schleiermacher studiert. Diese Prägung ist in seinen Schriften unübersehbar. Er war in Halle Lehrer am Pädagogium der Franckeschen Stiftungen, er pflegte einen langjährigen Briefwechsel mit Feuerbach und war zusammen mit Marx Herausgeber in Paris. In Halle und, als sie verboten wurden, in Dresden brachte er die *Hallischen Jahrbücher für deutsche Wissenschaft und Kunst* heraus, an denen neben Bruno Bauer auch David Friedrich Strauß mitarbeitete.[105]

Der Humanismus gewann durch Ruge erneut eine pointierte Gewichtung, die neue Fronten schuf. In den *Hallischen Jahrbüchern*, die zwischen 1838 und 1841 erschienen, taucht der Begriff »Humanismus« noch nicht prominent auf.[106] In Ruges eigenen umfangreichen Texten[107]

105 Zu Ruge vgl. die ältere Arbeit von Margarete Pohlmann: Der Humanismus im 19. Jahrhundert – Eine neue Religion? Arnold Ruges Auseinandersetzung mit dem Christentum. Frankfurt a.M.; Bern; Las Vegas 1979, sowie Stephan Walter: Demokratisches Denken zwischen Hegel und Marx. Die politische Philosophie Arnold Ruges. Eine Studie zur Geschichte der Demokratie in Deutschland. Düsseldorf 1995; Baab, Humanismus, 38–42.

106 Anders Baab, ebd., 39, aber ohne Stellenangabe.

107 Vgl. z.B. Arnold Ruge: Der protestantische Absolutismus und seine Entwicklung. In: Hallische Jahrbücher für deutsche Wissenschaft und Kunst 4 (1841), 481f., 485–487, 489f., 493–495, 509–511, 513–515, 517–519, 521f., 525–526.

und in den Kritiken an Rankes Reformationsgeschichte[108] ist der Humanismusbegriff in den *Jahrbüchern* nicht vorhanden. Selbst in einem umfangreichen Aufsatz über die nationale Aufgabe der Übersetzung italienischer Klassiker war keine Rede vom Humanismus.[109] Vielleicht hat erst das zwischen 1841 und 1844 dargelegte Humanismuskonzept Karl Hagens und seine Lektüre in Vormärzkreisen zur Rezeption durch Ruge geführt. Denn bereits 1846 verteidigte Ruge seine Verbindung von feuerbachscher Christentumskritik mit sozialistischer Programmatik als »Humanismus«, nachdem eine entsprechende Schrift vom Preußischen Zensurgericht verboten worden war.[110]

Ruges programmatischer Text von 1849 *Die Religion unserer Zeit* war vor allem von Kirchenkritik und feuerbachscher Religionskritik geprägt und zugleich gegen Enthusiasten, Fanatiker und Atheisten gerichtet. Er hielt jedoch streng am Religionsbegriff fest, weil er in der Religion den »Herzschlag der sittlichen Welt« erblickte.[111] Allerdings bezeichnete er diese Religion hier nicht als Humanismus. Ruge unterschied wie Hagen zwischen Protestantismus und Geist der Reformation, er attackierte das »Papstthum« und die »luthersche Dogmatik«, die beide zugleich die »Idee des Christenthums« verdorben hätten. Dagegen entwarf er eine Linie von der »Religiosität der Reformation« über den »ethische[n] Socialismus der Revolution«, den »Ernst der Aufklärung« und Philosophie bis zum Sozialismus. Sie seien »wirkliche Fortbildungen des christlichen Humanitätsprincips«,[112] in dessen Zentrum der »Gottmensch«[113] stehe. Diese »humane Religion«,[114] die den Gottesgedanken im Menschen er-

108 Vgl. Hallische Jahrbücher für deutsche Wissenschaft und Kunst 3 (1840), 144 (von ...r); 1697–1704 (von Klüpfel), 1945–1966.

109 Vgl. Karl Stahr in: Hallische Jahrbücher für deutsche Wissenschaft und Kunst 4 (1841), 11f., 14–16, 19f., 23f., 27f.

110 Arnold Ruge: Offene Briefe zur Verteidigung des Humanismus. In: Die Epigonen 3 (1846), 244–276. Es ging um Ruges zweibändige Schrift: Zwei Jahre in Paris. Studien und Erinnerungen. Leipzig 1846.

111 Arnold Ruge: Die Religion unserer Zeit. Leipzig 1849, 10.

112 Ebd., 13f.

113 Ebd., 55.

114 Ebd., 65, 74.

füllt, aber zugleich auch aufgehoben sah, könnte man als einen konsequent anthropozentrierten Protestantismus oder als eine säkularisierte Inkarnationschristologie bezeichnen, sofern die Transzendenz des Gottesgedankens für Ruge im Wesen des Menschen erfüllt und vollendet ist. Sein Ziel, ein »völlig verweltlichter Protestantismus«, »Cultus der ›Theophilanthropen‹« oder der »Göttin der Vernunft« sei aber in der Revolution am »Deismus der Terroristen« gescheitert.[115] Ruge konstatierte zwar einen Bruch zwischen Aufklärung und Christentum, der wegen des Gegensatzes zwischen dem Wesen der geoffenbarten Religion und dem Wesen des Menschen entstanden sei.[116] Nirgendwo knüpfte er jedoch an die Renaissance an. Er sah keine Differenz zwischen Reformation und »Humanismus«, sondern differenzierte zwischen Reformation und Protestantismus, indem er die Religion seiner Zeit als Weiterführung des christlichen Humanitätsgedankens proklamierte.

Offensichtlich erst nach der Erfahrung der Restauration in Deutschland und des Falls der Französischen Republik erkannte Ruge einen tiefergehenden Bruch. Seine Programmschrift *Die Loge des Humanismus* von 1852 ging von der gesamteuropäischen Tyrannei, der Unterjochung Europas, ja vom Reich des Bösen und vom asiatischen Despotismus aus.[117] In dieser Situation proklamierte Ruge die »Loge des Humanismus« als »unsichtbare Kirche des Menschenthums«, die er durchaus als nationale Aufgabe verstand, nämlich als Aufgabe der »Rettung aller Eroberungen des deutschen Geistes« und als missionarische Pflicht der Deutschen als »Retter des heiligen Feuers der geistigen Freiheit«.[118] Ziel dieser offenen Verschwörung zu einer »freien unsichtbaren unzerstörbaren Gemeinde des Menschenthums« ist für Ruge die »Verwirklichung des Christenthums«,[119] als deren Bestandteil er nun nach einem Dreischritt (Kant, Fichte, Hegel) den Humanismus als Verwirklichung der hegelschen Philosophie durch »practische Freiheit« ansah: in der Aufhebung der Wider-

115 Ebd., 71.

116 Ebd., 69.

117 Vgl. Arnold Ruge: Die Loge des Humanismus. S.l. 1852, 3–5.

118 Ebd., 9.

119 Ebd., 10.

sprüche zwischen dem (von Kant erkannten) freien Denken und der unfreien Menschenwelt bis zur vollen Verwirklichung der Freiheit. Diese Revolution geschehe in der »social-demokratischen Republik und in der freien Gemeinde«.[120]

Sozialismus und Humanismus sind für Ruge in ihrer konsequenten Immanenzbezogenheit aber religiös und nicht bloß philosophische Spekulation; er verstand sie als »Gemüthsbewegung, sich dem höchsten Wesen, dem wahren Wesen zu nähern«.[121] Insoweit folgte Ruge Schleiermacher. Hier blieb er für Marx und die Materialisten Theologe, obwohl das höchste Wesen für Ruge keine transzendente Dimension besitzt.[122] Denn je menschlicher der Gott einer Religion sei, desto wahrer sei er.[123] Im Zentrum des Christentums stehe der Gottmensch Christus. Aber sobald man das Wesen des Christentums recht erkannt habe, falle der ganze christliche Himmel auf die Erde. Dann entstehe eine neue »Religion, die humane«, in der es nicht mehr jenseitige Götter, sondern nur noch den lebendigen Menschen gebe.[124] Der transzendente Gott wird selbst zum Diesseits, allerdings nicht im Sinne einer Inkarnation, sondern gewissermaßen religionsgeschichtlich aufgefasst, sofern Ruge die neue Religion als Ergebnis der Interpretation des ›alten‹ Christentums auffasst und in diesem Sinne als Weltgeisttätigkeit, aber nicht als Christologie.

Ruges Humanismus war damit erstmals ein eigenes gesellschaftspolitisches Programm. Er verstand es als Fortführung, Vollendung und Erfüllung des christlichen Humanitätsgedankens, der mit dem Gottmenschen Christus den Menschen ins Zentrum gerückt hatte. Damit hatte Ruge seinen Humanismus gegen die Kirche, nicht aber gegen das

---

120 Ebd., 13–19, Zitate: 18.

121 Ebd., 19.

122 Vgl. dazu auch Ruges Verteidigung u.a. gegenüber Karl Heinzen als Spätfolge des sogenannten Zürcher Atheismusstreits 1845, in: Arnold Ruge: Reden über Religion ihr Entstehen und Vergehen an die Gebildeten unter ihren Verehrern. 2. Aufl. Berlin 1869 [1869], 89–119.

123 Vgl. Ruge, Loge, 19.

124 Vgl. ebd., 25.

Christentum an sich gerichtet; Humanismus erscheint als antikirchliches, aber nicht als antichristliches Programm. *Zweitens* integrierte Ruge bisherige pädagogische Humanismuskonzepte scheinbar neu, offensichtlich unter Bezugnahme auf Hagens Bestimmungen. Neben der Lösung der sozialen Frage forderte er vor allem die Errichtung von Schulen und Akademien des Humanismus, um die »wahre Entwicklung« des Menschen zu konstituieren.[125] Dies solle aber nicht durch das Sprachstudium geschehen, sondern durch die »Philosophie und die Religion unserer Zeit«, die ein Humanist durcharbeiten müsse.[126] Die Jugend solle zur Selbstbestimmung[127] erzogen werden, denn der freie Geist ist »nothwendig anarchisch«[128] – eine solche Abkoppelung der Potenzen des Bewusstseins vom Sein und die Erziehungsfähigkeit des Menschen zur Selbstbestimmung war für Marx und Engels unvorstellbar. Ruge wollte zwar die soziale Frage lösen, aber nicht das Eigentum und nicht die Familie aufgeben, wie Marx und Engels es gefordert hatten.[129] In seiner Logenschrift, die sich streckenweise wie eine Entgegnung auf das Kommunistische Manifest liest,[130] meinte Ruge, Arbeit, Eigentum und Unternehmung in eine Einheit bringen zu können, um eine Einheit von Kommunismus und Egoismus herbeizuführen.[131] Sozialismus war für ihn »Idealisierung der ganzen Verkehrswelt«, er entsprach der demokratischen Republik und der »Religion des Humanismus«.[132]

125 Vgl. ebd., 30f.

126 Ebd., 10.

127 Vgl. ebd., 33.

128 Ebd., 31.

129 Vgl. ebd., 40–45; Marx/Engels, Manifest, in: MEW, Bd. 4 (8. Aufl. 1977), 34f., 38f., 42, 70.

130 Vgl. etwa die Schlusspassage, die sich gegen Marx' und Engels Eröffnungsmetapher vom »Gespenst«, das umgeht in Europa, zu richten scheint. Bei Ruge hat das Volk eine Freiheit kennen gelernt, deren Geist keine Sklaverei erbauen könne; dieser Geist sei »früher ein verkleideter Gast« gewesen. »Und wer ihn beherbergte, war geächtet. Er ist jetzt wie ein Gewitter durch Europa gegangen, er war der Herr der ganzen Athmosphäre und seine Blitze fielen bändigend auf die Sclavenhalter.« Ruge, Loge, 46.

131 Vgl. ebd., 42.

132 Ebd., 45f.

Ruges Humanismus war demnach ein gesellschaftliches Programm, das durch seine Verbindung mit Christentum und Religion gekennzeichnet ist. Es fällt jedoch ins Auge, dass er zwar an manchen Stellen auf den antiken Geist und vor allem auf das Griechentum Bezug nahm, nirgendwo aber auf einen vermeintlichen Humanismus in der Frühen Neuzeit. Ferner knüpfte er ausdrücklich immer wieder an die Aufklärung als eine theologiekritische Bewegung und Philosophie an,[133] nirgendwo jedoch an einen eigenen Geist, der sich mit dem reformatorischen Geist verbunden und ihm dann konträr gegenübergestanden hätte.

In seinen *Reden über Religion ihr Entstehen und Vergehen an die Gebildeten unter ihren Verehrern* vollzog Ruge 1869 einen Bruch mit Schleiermacher und jeder traditionellen Theologie unter dem Motto »Statt den Schleier*macher* wollen wir lieber den Schleier*lüfter* spielen.«[134] Schon in der *Loge des Humanismus* hatte er Theologie als Mythologie qualifiziert,[135] nun rangierte sie als höchste und letzte Form des Aberglaubens.[136] Aber an seinem Kernthema, der Humanisierung von Religion als einem Projekt der Verwirklichung des Christentums, hielt er auch hier fest. Deutlicher wies er die Himmelfahrten Christi und Buddhas als Rückfälle hinter die Humanisierungsleistung beider Religionen gegenüber der anthropomorphen Götterwelt des Olymps zurück.[137] Dass Christus auch Vater gewesen sein solle, war für Ruge Erweis eines nur halben Humanismus.[138] So trennte er sich von der Figur des Gottmenschen, die er 1849 und 1852 noch positiv als Basis für einen religiösen Anthropozentrismus gesehen hatte. Aber er erkannte eine Tradition im Christentum, die sich von dieser Priesterspekulation befreit und seit 300 Jahren allerdings nur unvollkommen gewirkt habe[139] – das ist übrigens der einzige,

133 Vgl. ebd., 9, 11f., 17.

134 Ruge, Reden, Titelblatt [Hervorhebung im Original].

135 Vgl. Ruge, Loge, 34.

136 Vgl. Ruge, Reden, 3.

137 Vgl. ebd., 29.

138 Vgl. ebd., 31.

139 Vgl. ebd., 36.

sehr indirekte Hinweis auf einen seit der Reformationszeit über die Aufklärung wirkenden Geist des ›Humanismus‹. Mit seiner Forderung, an die Französische Revolution anzuknüpfen, die durch ihr Motto Egalité, Fraternité und Liberté mit dem ethischen Humanismus des Christentums Ernst gemacht hätte,[140] war erneut nur die Feststellung verbunden, dem Christentum wohnten der »Humanismus und die Philosophie der Griechen« inne.[141]

Es kann daher nur bei einem rein phänomenologischen Vergleich zwischen Ruges Humanismus und dem Renaissancehumanismus bleiben.[142] Für eine historische Untersuchung ist ein solcher Vergleich jedoch nicht relevant. Beispielsweise ist Ruges These, dass das höchste Wesen der denkende Mensch sei,[143] von Erasmus oder Marsilio Ficino nicht einmal ansatzweise vertreten worden. Das trifft auch auf seine Zurückweisung von Schleiermachers Verortung des religiösen Gefühls im Gemüt zu. Denn der vermeintliche Trost der Religion ist ihm lediglich die Vermeidung von Wirklichkeit und die Erzeugung von Wahn.[144] Durch die Abhängigkeit von der Natur sei dem Menschen ein »Naturgott« gelehrt worden. Schleiermacher mache aus der Abhängigkeit von der Natur aber den »Schleier ›Abhängigkeitsgefühl‹ – von irgend Etwas, denn sonst hätte ja unser romantischer Freund den Naturgott herausgebracht, den er aber auf der Kanzel unverschleiert nicht brauchen kann«.[145] Aus diesem Grund betrachtet Ruge Humanismus nicht mehr als im Gemüt empfundene Bewegung, er fordert dessen Vereinigung mit dem Naturalismus.[146] Darin erblickt er nun das Ziel von Religion.

---

140 Vgl. ebd., 39.

141 Ebd., 50.

142 Einen solchen rein phänomenologischen Vergleich ohne den Versuch rezeptioneller Absicherung, aber unter der Überschrift »Berührungspunkte und Unterschiede zwischen dem Renaissancehumanismus, dem ›Neuhumanismus‹ und dem Denken Ruges«, nimmt vor: Pohlmann, Humanismus, 141–144.

143 Vgl. Ruge, Reden, 147.

144 Vgl. ebd., 68f., 65.

145 Ebd., 80.

146 Vgl. ebd., 91.

Religion wird nicht liquidiert, wie es seine materialistischen Kombattanten fordern. Religion soll den Himmel auf die Erde zurückholen und dem Menschen zu seinem wahren Wesen helfen.[147] Der »Cultus des Himmlischen« müsse ersetzt werden durch eine »Cultur der höchsten Güter«: des denkenden Geistes, der Freiheit, des Prinzips des Guten. Gegen den möglichen Einwand, dies sei nicht Religion und ersetze auch nicht das religiöse Gefühl, konstatierte Ruge lapidar, dies sei längst »unsere gegenwärtige Religion«.[148]

Ruge hat sein Humanismusverständnis als idealistische, sozialistische und zugleich demokratische, wie er selbst mehrfach sagt »socialdemokratische«[149] Alternative zum marxistischen Programm konzipiert. Er versteht sich selbst als religiöser Vollender des Christentums und als Gegner des Staatsprotestantismus, dessen »Cultusminister« ihm »reges sacrificuli« waren.[150] Humanismus ist bei Ruge aber nicht ein von jeher entweder der Reformation oder dem Christentum entgegen- oder gegenüberstehender Geist, der historiographisch greifbar wäre. Sein Humanismus ist der Gipfel eines teleologischen Weltprozesses, in dem Religion, auch und besonders die theophilanthropische christliche Religion, ein notwendiges und weiter zu transformierendes Segment ist.

Ob und wenn ja: wie Arnold Ruge das Konzept Niethammers[151] und seiner pädagogischen Nachfolger überhaupt rezipiert hat, wäre noch zu untersuchen. Zwar hat er mit einiger Sicherheit den Humanismusbegriff schon 1842 namentlich in Verbindung mit Feuerbach verwendet, aber mit erheblichen Modifikationen. Weder das Thema

---

147 ebd., 92–94.

148 Ebd., 100.

149 Ruge, Loge, 19 passim.

150 Ruge, Reden, 36.

151 Wolf, Art. Humanismus, 552, bringt allerdings keinen Beleg für die Lektüre Niethammers. Ruge notierte jedoch bereits 1842, dass »zu unserer Zeit selbst der ungeberdigste Christ so sehr von Humanismus infiziert« sei, »daß wir nicht umhin können, dies anzuerkennen«. Arnold Ruge: Eine Wendung der deutschen Philosophie (1842). In: Saemmtliche Werke. 2. Aufl., Bd. 10, Mannheim 1848, 434.

Sprach- und Sprachenbildung taucht in Ruges Logenschrift auf, noch die von Niethammer hervorgehobene, mit Jenseitigkeit verbundene Intelligibilität des Menschen; ein Jenseits spielt für Ruge in der Hochzeit des internationalen Spiritismus[152] keine Rolle: Der Himmel muss zur Erde herab,[153] unsterblich ist nicht mehr der Mensch, sondern der »edle Geist«, der der Menschheit innewohnt.[154] Das könnte man als Hegelianisierung und Universalisierung der Unsterblichkeitsfigur betrachten. Der *progressus infinitus* vollzieht sich bei Kant und vielen Aufklärern *post mortem* und wird durch die Grenze der Sterblichkeit des Körpers nicht unterbrochen.[155] Dieser *progressus* ist bei Ruge ein immanenter Prozess geworden, an dessen Ende gleichsam die Inkarnation nicht Gottes selbst, sondern des Gedankens von der Inkarnation Gottes in das einzige denkende Wesen steht: den Menschen. Und damit wäre auch Religion zu ihrem Ziel gekommen: in einem säkularisierten, einstmals christlichen Humanismus als gesellschaftliche Reformprogramm. Ruges Position in den Debatten des 19. Jahrhunderts erscheint auf den ersten Blick peripher. Als Negativfolie für die Abwendung des marxistischen Sozialismus vom Humanismus dürfte er eine auslösende Rolle gespielt haben.

2.9 Unterschobener Humanismus: Feuerbach

Angesichts der unübersehbaren und vielfältigen Bezugnahmen Ruges auf Ludwig Feuerbach ist es auffällig, dass Feuerbach im Gegensatz zu seinem Briefpartner Ruge den Begriff des Humanismus zunächst nicht, dafür aber den der Humanität verwendete, und zwar vorwiegend zusammen mit gleichen Referenten wie Kant und Niethammer: als Gegen-

152 Vgl. insgesamt Sawicki, Leben.

153 Vgl. Ruge, Loge, 25.

154 Vgl. ebd., 8.

155 Vgl. Stengel, Aufklärung, 666–673, 685f., 689–695, 704–706, 712.

satz zur Bestialität,[156] als abstrakten Gegensatz zur körperlichen Seite des Menschen,[157] als Humanität gegenüber den griechischen Göttern,[158] als menschliches Mitgefühl und als Zartheit[159] sowie als Differenzmerkmal gegenüber dem Tier und gleichgesetzt mit dem religiösen Glauben, zu dem das Tier nicht imstande sei.[160]

Auch während der Debatten um Ruge und die Neuformung des Humanismus-Begriffs im Vormärz nimmt »Humanismus« erstaunlicherweise keinen zentralen Platz bei Feuerbach ein – im Gegensatz zu manchen Behauptungen in der Forschungsliteratur.[161] In den Ergänzungen zum *Wesen des Christentums* wird Humanismus mit »Rationalismus« parallelisiert und zur Bezeichnung einer kritischen und liberalen Bibelauslegung[162] verwendet. In den *Grundsätzen der Philosophie der Zukunft* (1843) erscheint er neben »Materialismus, Empirismus, Realismus« als »Vergötterung des Wirklichen, des materiell Existirenden«, als »Negation der Theologie« im klassischen Sinne und wird als »Verwirklichung Gottes« und unter dem Pantheismus als »theologische[r] Atheismus« oder »Materialismus« rubriziert.[163] Es scheint so, als sei Feuerbachs

156 Vgl. Ludwig Feuerbach: Vorlesungen über das Wesen der Religion. In: Ders.: Sämtliche Werke. 2. Aufl. Stuttgart-Bad Canstatt, Bd. 8 (1960), 268.

157 Vgl. Ludwig Feuerbach: Geschichte der Neueren Philosophie von Bacon von Verulam bis Spinoza. In: Feuerbach, Werke, Bd. 3 (1959), 125f.

158 Vgl. Ludwig Feuerbach: Theogonie nach den Quellen des classischen, hebräischen und christlichen Alterthums. In: Feuerbach, Werke, Bd. 9 (1960), 117f.

159 Vgl. Ludwig Feuerbach: Der Eudämonismus. In: Feuerbach, Werke, Bd. 10 (1960), 286.

160 Vgl. Ludwig Feuerbach: Das Wesen des Christentums. In: Feuerbach, Werke, Bd. 6 (1960), 306.

161 Vgl. z.B. Wolf, Art. Humanismus, 552. Der Begriff taucht im Gesamtwerk fünfmal auf, das wäre Baab, Humanismus, 44, hinzuzufügen.

162 Vgl. Ludwig Feuerbach: E.C.J. Lützelbergers Schriften zur Bibelkritik [1840]. In: Ders.: Sämmtliche Werke, hg. von Wilhelm Bolin und Friedrich Jodl, Bd. 7, Stuttgart 1903, 182.

163 Vgl. Ludwig Feuerbach: Grundsätze der Philosophie der Zukunft. In: ebd., Bd. 2 (1904), 264f. Daneben taucht »Humanismus« nur noch in den nachgelassenen Aphorismen auf, vgl. ebd., Bd. 10 (1911), 300.

Umdeutung der Theologie zur Anthropologie nicht von ihm selbst, sondern in seinem Umfeld und dann von Arnold Ruge mit dem Terminus Humanismus versehen worden. Damit wäre Feuerbachs Beitrag zur Humanismusdebatte lediglich die Wirkungsgeschichte seiner Rezipienten.

2.10 Noch einmal Reformpädagogik und Unsterblichkeit: Von Feuchtersleben

Nicht nur als politisches und antikirchliches Programm wurde »Humanismus« von den Zeitgenossen rezipiert. Humanismen wurden in bloßer Abgrenzung und Aufnahme anderer Besetzungen des Signifikanten Humanismus generiert. Humanismus kann deshalb mit gutem Grund als »leerer Signifikant« bezeichnet werden. Denn in der Frage seiner Grundfüllung bestand kein Konsens, seine Bedeutung war gerade Gegenstand der Debatten. Und die jeweilige Füllung des Signifikanten Humanismus hatte unübersehbare performative Folgen, insbesondere natürlich aufgrund der politischen Dimensionen dieser Füllungsvorgänge.[164]

In die Wiener Akademie der Wissenschaften war jedenfalls Mitte des 19. Jahrhunderts ein Humanismusbegriff eingebracht worden, der noch vierzig Jahre nach Niethammer eng an einen pädagogisch affizierten Humanismus anknüpfte, ohne auf den ersten Blick auf irgendeine Weise von den aktuellen Debatten berührt zu sein. Der renommierte Philosoph, Psychiater und Psychologe, Autor des Bestsellers »Diätetik der Seele«,[165] Ernst von Feuchtersleben, brachte den Humanismus 1849 erneut gegenüber dem Realismus als »Bildungsprincip« vor und bezog nun – das war aber neu gegenüber allen anderen im engeren Sinne pädagogischen Ansätzen – erstmals die von Karl Hagen eingebrachte

164 Vgl. zu dieser Theorie knapp: Ernesto Laclau: Was haben leere Signifikanten mit Politik zu tun? In: Mesotes 4 (1994), 157–165.

165 Vgl. Ernst von Feuchtersleben: Zur Diätetik der Seele. Wien 1838 [viele Aufl. bis 2012].

römische Kultur der *literae humaniores* mit ein, die unter den Medicis wiedergeboren worden sei, als Plato und Aristoteles ihre »Gräber« verließen.[166] Zugleich nannte von Feuchtersleben wie Niethammer den Philanthropinismus Basedows und anderer, die unter englischem Einfluss die Abwendung von der toten Vergangenheit zur modernen Zukunft betrieben hätten.[167] Humanismus zielt wie bei Niethammer ferner auf die Vergeistigung des inneren Lebens des Menschen ab,[168] der Mitglied zweier Welten sei. Angesichts seines Doppelbedürfnisses müsse es auch eine Doppelrichtung der Bildung geben: ihn für seine »irdische Brauchbarkeit« und zugleich für seine »ewige Bestimmung zu befähigen«.[169] Der Unsterblichkeitsaspekt war explizit unterstrichen worden, auch gegenüber dem englisch geprägten Materialismus und dem französischen Spiritualismus[170] – eine deutliche Anspielung auf die aktuellen spiritistisch-okkultistischen Debatten um 1848.[171] Und Humanismus und Realismus müssten vereinigt und versöhnt werden.[172]

Mit dieser anthropologisch fundierten Pädagogik führte von Feuchtersleben nun aber die historische Epochenbezeichnung klar zusammen: die im Florenz der Medici wiedergeborene römische und griechische Philosophie, die sich im Mittelalter nur in den Bibliotheken versteckt gehalten habe.[173] Deren Verhältnis zu Religion und Christentum ist – wie bei Niethammer – kein eigenes Thema. Intelligibilität

166 Ernst von Feuchtersleben: Über die Frage vom Humanismus und Realismus als Bildungsprincip. In: Sitzungsberichte der Wiener Akademie der Wissenschaften. Sitzungsbericht der philosophischen historischen Classe, 1849, 3. Heft, 222–244, hier: 225 (Neudruck in: Ernst von Feuchtersleben: Sämtliche Werke und Briefe. Kritische Ausgabe. Bd. 3, bearb. von Horst Pfeiffle, hg. von Hedwig Heger, Wien 2006, 93–110).

167 Vgl. ebd., 226f.

168 Vgl. ebd., 232.

169 Ebd., 241.

170 Vgl. ebd., 233.

171 Vgl. Cyranka, 1848.

172 Vgl. von Feuchtersleben, Frage, 242.

173 Ebd., 225.

und Jenseitsbestimmung machen die geistige, zu bildende Seite des Menschen aus, die seiner irdischen Brauchbarkeit – dem Beruf gegenübersteht.

Von Feuchtersleben scheint damit der erste Autor zu sein, der als *Pädagoge* Wachlers und Hagens historiographische Epochenbezeichnung mit dem Humanismusbegriff zusammenführte. Gegenüber Ruge und anderen sozialismusaffinen Zeitgenossen verstand er unter Humanismus aber gerade nicht die Überwindung des Christentums. Dafür machte er Niethammers Jenseitsvorstellungen im Blick auf die spiritistischen Debatten seiner Zeit stark. Von Feuchterslebens Inanspruchnahme des Signifikanten Humanismus dürfte gegen die junghegelianischen Okkupationen in den 1840er Jahren gerichtet gewesen sein.

2.11 Antikatholischer Humanismus

Offensichtlich gab es nur vereinzelte Versuche, eine Synthese von römisch-katholischem Christentum und Humanismus herzustellen. Der an einer Synthese von Katholizismus und Moderne arbeitende katholische Theologe Martin Deutinger[174] legte parallel zu Marx' und Engels Abweisung und zu Ruges Okkupation des Humanismus einen solchen bildungstheoretischen Entwurf vor. Der eigentliche innere Mensch sei von Gott als dem Urbild geschaffen worden, sein inneres Leben sei der Stoff seiner wahren Bildung.[175] Die von Niethammer und dann auch von Ernst von Feuchtersleben betonte intelligible Seite des Menschen wird über deren Ausführungen hinaus deutlich christianisiert. Denn das höhere

174 Vgl. etwa Martin Deutinger: Das Princip der neuern Philosophie und die christliche Wissenschaft. Regensburg 1857 [Nachdruck Frankfurt a.M. 1967]. Zu Deutinger vgl. zuletzt Dominik Bertrand-Pfaff: Martin Deutinger – Denken zwischen Kunst und Ethos. Ethisch-ästhetische Studien zu seinem Werk. Wien et al. 2013.

175 Martin Deutinger: Christenthum und Humanismus. Erster Artikel. Schein und Wesen der menschlichen Bildung. In: Historisch-politische Blätter für das katholische Deutschland 31 (1853), 133–152, hier: 145.

Ziel des Menschen wird in einer Wesenheit jenseits seiner selbst und jenseits der Natur gesehen. Die Entwicklung der menschlichen Kräfte sei durch die Synergie der göttlichen Liebe bedingt.[176] Durch den Heiligen Geist wollten Vater und Sohn ihr Ebenbild im Menschen vollenden.[177] Natürliche Bildung und Religion werden von Deutinger zusammengeschaut, wahre Bildung wird nur dort erkannt, wo Religion und natürliche Entwicklung harmonieren. Die Bildung des Menschen geschieht nach göttlicher und natürlicher Ordnung.[178]

Eine solche römisch-katholische Christianisierung des Humanismus scheint aber eher eine Ausnahme gewesen sein, denn genau die umgekehrte Frontziehung fällt ins Auge. Möglicherweise lag es an Ruges und Karl Hagens Humanismus-Deutungen, dass *Herders Conversationslexikon* nur wenige Jahre später einen klar antikirchlichen und antichristlichen Humanismusbegriff präsentierte. Reuchlin figuriert hier als Held des »kirchenfeindlichen Humanismus und der demselben anhängenden revolutionären Elemente« – wenn auch wider Willen.[179] »Humanität« sei nichts anderes als der »Wahn, als ob der Mensch mit Hilfe der Philosophie sich von allen Unterschieden der Nationalität u. besonders der Religion zu emancipiren und alsdann im Menschen den Menschen zu lieben vermöge«.[180] Nach der Eroberung Lateinamerikas hätten die Spanier durch den Einfluss der [römisch-katholischen – FS] Kirche die Indianer »am menschlichsten behandelt und am meisten civilisirt« – im Gegensatz zu den [protestantischen – FS] Holländern und Angelsachsen aus Nordamerika und Europa, die die Indianer vernichtet hätten und immer noch vernichteten – »trotz alles Humanismus u. Methodismus«.[181]

In diesem wohl wichtigsten deutschen römisch-katholisch geprägten Lexikon wird Humanismus als eine mit den Protestanten verbunde-

176 Vgl. ebd., 147f.

177 Vgl. ebd., 151.

178 Vgl. ebd., 152.

179 Art. Reuchlin. In: Herders Conversationslexicon 4 (1856), 714.

180 Art. Humanität. In: Herders Conversationslexicon 3 (1855), 365.

181 Art. Amerika. In: Herders Conversationslexicon 1 (1854), 151–158, hier: 157.

ne antikatholische Bewegung positioniert, die seit dem 16. Jahrhundert aktiv ist und das Altertum mit Sprachstudium wiederentdeckt hat. Möglicherweise leuchten hier Hagens Definition der humanistischen und mit der Reformation partiell zusammengehenden »Opposition« gegen Rom und Ruges immerhin reformatorisches Humanismusderivat auf.

2.12 Humanismus als Geist des Altertums *gegen* Reformation und Christentum: Voigt

Die antikatholisch-antikirchliche *und* historiographische Füllung des Humanismus fand für das 19. Jahrhundert bei dem von Theodor Mommsen beeinflussten Münchener, Rostocker und Leipziger Historiker Georg Voigt ihren Höhepunkt. Voigt wird allerdings in der Literatur oft fälschlicherweise auch als der erste betrachtet, der Humanismus in der Kombination von Geschichts-, Geistes- und Religionsbegriff bestimmt habe.[182] Seine 1859 in erster, 1880 und 1881 in zweiter und 1893 posthum in dritter Auflage erschienene *Wiederbelebung des classischen Alterthums oder das erste Jahrhundert des Humanismus*[183] gilt als Standardwerk wie die 1860 erstmals erschienene *Kultur der Renaissance in Italien* von Jacob Burckhardt, zu dem ein paar Worte nötig sind, um Voigt einordnen zu können.

Jacob Burckhardt hatte den Humanismus im Grunde recht beiläufig behandelt, keine Definition vorgenommen und den Begriff ausgerechnet anlässlich der Besprechung von Pico della Mirandola eingeführt.[184] Er hatte *zweitens* die kirchenkritische Ausrichtung des Humanismus ins

---

182 So etwa bei Walther, Humanismus, 666. Zu Voigt vgl. Paul F. Grendler: Georg Voigt. Historian of Humanism. In: Humanism and Creativity in the Renaissance. Essays in Honor of Ronald G. Witt, hg. von Christopher S. Celenza und Kenneth Gouwens. Leiden 2006, 295–326.

183 Georg Voigt: Die Wiederbelebung des classischen Alterthums oder das erste Jahrhundert des Humanismus. Berlin 1859, 2. Aufl., 2 Bd.e 1880f., 3. Aufl. 1893.

184 Vgl. Jacob Burckhardt: Die Kultur der Renaissance in Italien. Ein Versuch. Frankfurt a.M. 2009 [nach der 2. Aufl. 1869], 191–215.

Feld geführt,[185] *drittens* ihn als Bildungsbewegung[186] bezeichnet und *viertens* behauptet, Cosimo di Medici habe mithilfe der platonischen Philosophie »innerhalb des Humanismus« eine höhere Stufe der »Neugeburt« der Antike repräsentiert und eine idealistische Philosophie vertreten; Marsilio Ficino sei dessen geistiger Sohn.[187] In Verbindung mit Pico ist das ein Vorausblick auf den noch zu erläuternden Zusammenhang des so genannten Humanismus mit Hermetismus und Kabbala. Der Humanismus sei, so Burckhardt, erst im 14. Jahrhundert aufgetaucht und dann im 16. Jahrhundert wieder gestürzt worden.[188] So peripher das Thema in Burckhardts Renaissancekonstruktion erscheint, der Humanismus ist damit als eine kirchenkritische und auf das Altertum bezogene Wiedergeburts-Bewegung des 14. bis 16. Jahrhunderts historisiert, die im Gegensatz zu Ruge und anderen aber *keine* Kontinuität in das 19. Jahrhundert besitzt.

Demgegenüber ist der Humanismus in Georg Voigts groß angelegtem historischem Abriss schon Titelgeber. Im Gegensatz zu allen anderen Entwürfen vorher weitet Voigt die These von der historischen Epochalität des Humanismus zudem noch an einer entscheidenden Stelle aus. Es handelt sich nicht mehr um eine nur kirchen- oder speziell romkritische, sondern um eine im Grundsatz christentumsfeindliche Bewegung. Diesen Schnitt hat Voigt allerdings nicht in der ersten Auflage 1859, sondern erst in der zweiten 1880 vollzogen.[189]

Für Voigt, einen ausgewiesenen Experten für das 15. und 16. Jahrhundert,[190] war Humanismus zunächst eine kirchenkritische, in Glaubensfragen oszillierende Bewegung, die ganz Europa überzog, aber in

185 Vgl. ebd., 196, auch 461f.

186 Vgl. ebd., 196.

187 Vgl. ebd., 207.

188 Vgl. ebd., 254–265.

189 Walther, Humanismus, 666 gibt vor, aus der Ausgabe von 1859 zu zitieren, bezieht sich aber in Wirklichkeit auf die zweite Auflage von 1880/81.

190 Seine Arbeiten galten dem Deutschen Orden, Reichstagsakten, Moritz von Sachsen, Albrecht von Alkibiades Petrarca u.a. Eines seiner Hauptwerke dürfte aber sein: Enea Silvio de' Piccolomini als Papst Pius der Zweite und sein Zeitalter. 3 Bde., Berlin 1856; 1862 (insgesamt 1551 S.).

der ersten Auflage von 1859 bezeichnenderweise noch nicht im Gegensatz zum Christentum stand. Er ist »Wiedergeburt des klassischen Alterthums«.[191] Erst 1880 ergänzte Voigt die Wiedergeburt mit der »Aufnahme des Rein-Menschlichen in Geist und Gemüth, wie es die Hellenen und Römer der alten Zeit gepflegt, der Humanität, im Gegensatze zu den Anschauungen des Christenthums und der Kirche«.[192] Kein Humanist habe sich »principiell gegen Christenthum und Kirche zu erklären gewagt«, obwohl doch der Humanismus »zweifellos« ein geborener »Feind der Kirche« gewesen sei, der ihre »Grundlagen unterhöhlte«. Voigts Humanismus war 1880 nicht nur antikirchlich, sondern auch antichristlich.[193] 1859 war es Ziel der Humanisten, das »Alterthum *und* die Blüthe des christlich-romantischen Lebens zu recapituliren«.[194] Es bestand keine Feindschaft. Beide konfligieren hier nicht miteinander und brauchen offenbar bloß zusammengefasst und wiederholt zu werden. Diese Passage fehlt 1880. Dafür soll das versunkene Altertum der Hellenen und Griechen der »christlichen Welt wieder« zugeführt und ihr »zu Eigen« gemacht werden. Beide miteinander zu »vermählen« und die christliche Welt durch die Antike zu verändern, ist Ziel der Humanisten 1880.[195] Damit ist der Hiatus zweier Strömungen des Christentums und des klassischen Altertums griechisch-römischer Manier für die Gesamtgeschichte aufgemacht. Und Humanismus ist fortan eine eigenständige Kraft. Voigt beschränkt sich damit zunächst auf die historische Perspektive und geht auf mögliche Neuhumanismen, Antihumanismen oder pädagogische Humanismen gar nicht ein. Allerdings wird der Ket-

191 Voigt, Wiederbelebung, 4 (1859) = 3 (Bd. 1, 1880).

192 Ebd., 4 (Bd. 1, 1880). Walther, Humanismus, 666 erwähnt 1859 als Zitatjahr, nennt hinten aber die 3. Aufl. von 1893. Er zitiert nur die »Aufnahme des Rein-Menschlichen in Geist und Gemüth« und erwähnt Voigts Entgegensetzung von Christentum und Kirche nicht.

193 Bei Baab, Humanismus, 36f., fehlt die Differenzierung zwischen Kirche und Christentum.

194 Voigt, Wiederbelebung, 3 (1859) [Hervorhebung FS].

195 Ebd., 3 (1880, Bd. 1), 3.

tenschluss zwischen Humanismus und Aufklärung dann 1880 vollzogen: die Humanisten seien die »ersten Apostel der Aufklärung« gewesen.[196]

Und eine weitere Front wird aufgemacht: Voigt kennt und zitiert Burckhardt und damit auch dessen Hervorhebung von Pico und Ficino. Er selbst erwähnt Pico hingegen gar nicht und streift Ficino nur zweimal. Dafür schreibt Voigt dem Humanismus gleichsam eine aufklärerische, hier einmal antiesoterische Schlagseite zu. Schon Petrarca sei Initiator eines »rücksichtslosen Krieges [...] gegen Astrologen und Alchymisten, gegen Traumdeutung und den Aberglauben in allen seine Formen« gewesen. »Wir«, meint Voigt, »wüssten keinen der Humanisten, der jener superstitiösen Afterweisheit je ein Zugeständniss gemacht hätte«.[197] Diese antihermetische Schlagseite trägt die Debatten des 19. Jahrhunderts in die Frühe Neuzeit zurück. Im Gegensatz zu Hagens Konzeption werden die magischen und kabbalistischen Philosophen Pico, Ficino oder Agrippa von Nettesheim von Voigt nicht erwähnt, sonst hätte diese antisuperstitiöse Schlagseite wohl kaum behauptet werden können.

Als entscheidende Neupositionierung bleibt festzuhalten: Humanismus, Kirche *und* Christentum sind für Voigt seit 1880 klare Gegensätze. Eine Linie führt vom Altertum über den Humanismus zur Aufklärung, ohne dass die Aufklärung mit dem Humanismus identisch wäre. Schließlich ist Humanismus auch kein bloßer Bildungsbegriff mehr; es ist ein »humanistischer Geist«,[198] der durch die Weltgeschichte schreitet, in die Kirche implementiert und von dieser bekämpft wird. Dieser neue Geist des Humanismus ist streng antisuperstitiös – also eine Aufklärungsbewegung, die Voigt auf das 18. (Aufklärung) und auf das 14. bis 16. Jahrhundert überträgt. Dadurch werden zugleich Hermetiker, Magier, Kabbalisten, »Mystiker« aus dem Humanismus ausgrenzt, die von Wachler bis Ranke noch klar dazu gehört hatten. Der Humanismus ist

---

196 Ebd., 486 (1893, Bd. 2).

197 Ebd., 486 (1893, Bd. 2).

198 Ebd., 456f. (1859); 6 (1893, Bd. 1). Damit wäre der Behauptung widersprochen, bei Voigt wandele kein hegelscher Weltgeist durch die Geschichte, so Grendler, Voigt, 308, zitiert bei Baab, Humanismus, 36.

– von der Wurzel her – ein nichtchristlicher Wissenschafts-, Bildungs- und Fortschrittsträger.

Das Humanismusverständnis Voigts, das über Burckhardts Komplementärbegriff zur »Renaissance« weit hinaus geht, wurde schnell lexikalisch. Neben weiteren Titeln[199] bestimmt es den Duktus des Humanismus-Artikels im *Reallexicon der Deutschen Altertümer* 1885.

Die entscheidenden Akzente Voigts sind hier festgehalten. Humanismus ist eine literarische »Bewegung«, die sich auf die Antike bezieht. Aber er ist auch »Lebensprinzip« der »Menschlichkeit«, das dem klassischen Altertum entstammt und dem »christlich-kirchlichen Lebensprinzipe des Mittelalters gegenüber« gestellt worden ist.[200] Damit wird Voigts prinzipielle Entgegensetzung von Christentum/Kirche und Humanismus allerdings wieder auf das Mittelalter reduziert und diese Einschränkung wird für die deutschen Humanisten fortgeführt. Schließlich ist Humanismus eine Mittelstufe in der Entwicklung zwischen dem antiken Lebensprinzip der »humanitas« und dem »Humanitätsideale des 18. Jahrhunderts«[201] – ohne dass hier der Begriff ›Aufklärung‹ fallen würde. Kern ist wie bei Voigt die »Wiedergeburt der antiken Weltanschauung«[202] – eine Reminiszenz auf die Wiedergeburtsfähigkeit – Reinkarnation – von geistigen Wesen innerhalb des zeitgenössischen Reinkarnationsdiskurses und auf die Weltanschauungsdiktion der philosophischen Zeitgenossen.[203]

---

199 Vgl. z.B. Ludwig Geiger: Renaissance und Humanismus in Italien und Deutschland. Berlin 1882.

200 Ernst Götzinger: Art. Humanismus. In: Reallexicon der Deutschen Altertümer. 2. Aufl. Leipzig 1885, 435–440, hier: 435.

201 Ebd., 435.

202 Ebd., 439. Vor Burckhardt, Kultur, spricht 1853 schon von Feuchtersleben, Frage, von Wiedergeburt.

203 Vgl. zu den Debatten um Alan Kardecs *Buch der Geister* (1857) und zum Beispiel den Frühsozialisten Charles Fourier kurz Sawicki, Leben, 283, 287–296; Daniel Cyranka: Lessing im Reinkarnationsdiskurs. Eine Untersuchung zu Kontext und Wirkung von G.E. Lessings Texten zur Seelenwanderung. Göttingen 2005, passim.

3. Auswege

3.1 Humanismus – kein tragfähiger historiographischer und heuristischer Begriff!

Mit Georg Voigt war die Diskussion keinesfalls abgeschlossen, Humanismus bleibt kontextuell bestimmt.[1] Vor ihm und gleichermaßen nach ihm gilt: Weder lässt sich die Entgegensetzung oder wenigstens Differenz gegenüber Religion, Kirche und Christentum[2] für alle Humanismen aufrechterhalten, noch sind die Bezugnahmen zur Antike, zur Philosophie, zur Sprache, zur Unsterblichkeit der (humanen) Seele klar und einheitlich. Humanismus schillert zwischen den Fronten als pädagogischer, philologischer, als (alternativ-)religiöser, materialistischer oder antireligiöser, als gesellschaftspolitischer Begriff und als Bezeichnung eines suprahistorischen Wesens oder Geistes, der nicht auf einen einzigen gemeinsamen Nenner gebracht werden kann, ohne die historischen Kontexte einzuebnen oder zu ignorieren. Die historischen Orte, an denen diese Humanismen konstruiert werden, verlaufen zwischen konkreten Fronten. Aber die Referenzen und historischen Legitimationen, die seit den geschilderten Debatten im 19. Jahrhundert über den so genannten Humanismus am Beginn der Frühen Neuzeit und über den humanistischen Geist der Aufklärung geführt werden, zielen stets auf den eigenen Ort der jeweiligen Autoren hin, die über

1 Weitere Entwürfe bis ins das 21. Jahrhundert bietet Baab, Humanismus.

2 Vgl. Walther, Humanismus, 666.

diese Humanismen sprechen; sie selektieren die Fülle der Humanismusdeutungen so, dass die jeweilige »wahre« »humanistische« Position zementiert wird.

Dieser Befund wirft nachhaltig die Frage auf, ob es *erstens* überhaupt möglich ist, den Humanismus-Begriff als ein »unentbehrliches heuristisches Werkzeug«[3] zu verwenden, wenn er als ein einigermaßen einheitlicher Begriff nicht bestimmt werden kann, und ob es *zweitens* angemessen oder überhaupt hilfreich und nicht vielmehr irreführend ist, ihn weiterhin als heuristisch-*historiographisches* Instrument im engeren Sinne zu handhaben, weil er von keinem der Kontexte, in dem er positioniert wird, freizumachen ist und jede Anwendung inkompatible Kontexte zwangsläufig miteinander vermischen muss.

Der einfachste Einwand wäre, dass die *humanista* des 14.-16. Jahrhunderts ja in der Tat »nur« Sprachlehrer und -schüler der *humaniora* waren, ohne dass diesen eine anthropologische Agenda im Sinne der Zuschreibungen seit dem 19. Jahrhundert gemeinsam gewesen wäre. Behauptet man schließlich eine distanzierte oder gar gegensätzliche Haltung dieser Personengruppe gegenüber Kirche und Christentum oder gegenüber Religion insgesamt, dann ist man gezwungen, genauer zu sagen, wer oder welche Autorengruppe in diesem Fall die gegnerische kirchlich-christlich-religiöse Front repräsentieren soll. Bei einem phänomenologisch reduktiven Vorgehen müsste zugleich das Wesen von Kirche oder Christentum definiert werden, um von diesem ein anderes Wesen – das des Humanismus – zu unterscheiden. Es wäre kaum zu umgehen, dann moderne Grenzziehungen in historische, hier frühneuzeitliche Debatten zu übertragen.

Gibt es aus diesem Dilemma einen Ausweg? In zwei Stufen möchte ich nun Alternativen vorschlagen, die erstens dem konsequenten historisch-kritischen Anspruch genügen und zweitens auf der philosophisch-ethischen Ebene einen produktiven Umgang mit der Humanismus*thematik* ermöglichen können.

Das Interesse der 2013 publizierten, wegen ihres begriffskritischen Charakters verdienstvollen und innovativen Dissertation von Florian

3 Ebd., 668.

Baab bewegt sich in der Systematischen Theologie. Sie zielt vor allem auf die kritisch-dialogische Auseinandersetzung mit den Anthropologien moderner Humanismen ab, bietet zugleich aber einen historischen Abriss, der insofern hervorsticht, als er darauf verzichtet, einen vermeintlichen Humanismus in Renaissance und Altertum zu beschreiben. Humanismus erscheint damit von vornherein nicht als übergeschichtliche Bewegung seit Antike und Renaissance. Als fruchtbar erweist sich der Ansatz, die historische Semantik von »Humanismus« als Geschichte der Parallelbegriffe, Gegenbegriffe und Gegenkonzepte in Augenschein zu nehmen.[4] Zu Beginn seiner Arbeit legt Baab trotz seiner Kenntnis der irreduziblen Polyvalenz des Humanismusbegriffs jedoch eine »formale Definition« vor und am Ende gelangt er zu dem Gegenüber von Humanismus und Theismus,[5] also zu einem durch ein neues Gegenkonzept gewonnenen Humanismusbegriff, der sich der Privilegierung bestimmter Humanismusentwürfe verdankt, die wie etwa Michael Schmidt-Salomons »Evolutionärer Humanismus« eine explizit atheistische Note tragen.[6] Mit diesem Modell werden die aus der Historisierung gewonnenen Einsichten durch Errichtung einer neuen Frontstellung wieder beiseitegeschoben.

3.2 Humanismus als Verhüllungsbegriff

Aus der dargestellten Diskursgeschichte des Humanismus im 19. Jahrhundert ist deutlich geworden, dass Humanismus als Konfrontations- und Alternativbegriff eingesetzt wird. Für die These, dass er darüber hinaus ein Verdeckungs- oder Verhüllungsbegriff ist, auch wenn er vermeintlich nur heuristisch-historiographischen Zwecken dient, wird der Blick auf die Anthropologie des 15./16. Jahrhunderts geworfen. In

4 Vgl. Baab, Humanismus, 23f.

5 Vgl. ebd., 25–27, 279–285.

6 Vgl. Michael Schmidt-Salomon: Manifest des evolutionären Humanismus. Plädoyer für eine zeitgemäße Leitkultur. 2. Aufl. Aschaffenburg 2006; Baab, Humanismus, 189–217, passim.

ihr erblicken die meisten Autoren einen der Kulminationspunkte oder sogar die Begründung des neuzeitlichen Humanismus. Daher bietet sich dieses Beispiel besonders an, um zu zeigen, welche verzerrenden und verwirrenden Konsequenzen die Verwendung des Humanismusbegriffs hier hat. Ich möchte daher ausdrücklich eine Alternative zu »Humanismus« vorschlagen, die dem frühneuzeitlichen Kontext gerecht wird und diesen Kontext nicht mit den Begriffskontexten des 19. und 20. Jahrhunderts vermischt. In diesem ersten Schritt geht es mir also darum, die Chancen zu zeigen, die eine konsequente Historisierung für die Erhellung der Humanismusthematik und des hier geschilderten Problems eröffnet.

Es ist darauf hingewiesen worden, dass von einigen Autoren Pico della Mirandola und Ficino als wichtige Referenzautoren für den Humanismus genannt werden. Fragt man bei diesen Autoren nach dem für die Frühe Neuzeit innovativen, anthropozentrischen Menschenbild, so stößt man schnell auf den wohl nicht ersten, aber zweifellos am meisten rezipierten Text zur Menschenwürde von Giovanni Pico della Mirandola.[7] Sieht man sich Picos und Ficinos Texte genauer an, dann wird man zuerst feststellen, dass es nicht möglich ist, in ihnen einen antikirchlichen, antichristlichen oder am Christentum desinteressierten Impetus zu finden. Denn es handelt sich um eine neuartige christliche Theologie und Philosophie, die sich der Entdeckung, Übersetzung und Auseinandersetzung mit verschollen geglaubten Texten vor allem aus dem griechischen, hebräischen und arabischen Sprachraum verdankt. Sie haben zur Entstehung der christlichen Hermetik und der christlichen Kabbala im 15./16. Jahrhundert geführt, die beide von einer Neulektüre neuplatonischer und auch magischer Literatur stark beeinflusst waren. Diese

7 Giovanni Pico della Mirandola: De hominis dignitate. Über die Würde des Menschen [1486]. Hamburg 1990. Zu den weniger erwähnten Vorläufern zählt Giannozzo Manetti: Über die Würde und Erhabenheit des Menschen. De dignitate et excellentia hominis [1452]. Hamburg 1990, vgl. dazu Charles Trinkaus: In Our Image and Likeness. Humanity and Divinity in Italian Humanist Thought. Notre Dame 2012 [1970], 230–270, 578–601.

Strömung zunächst italienischer Gelehrter ist von den seit dem 19. Jahrhundert sonst als Humanisten bezeichneten John Colet, Thomas More, Erasmus von Rotterdam, Johannes Reuchlin, Agrippa von Nettesheim, Andreas Osiander bis zu Sebastian Franck, aber auch von prominenten frühen Luthergegnern wie Johannes Eck[8] und Hieronymus Emser rezipiert worden. Mit der Verbindung hermetischer, magischer und kabbalistischer Rezeptionen war ein Aufschwung der Naturphilosophie, der Alchemie, der Astronomie und anderer naturmagischer Künste verbunden.[9] Es kann von einer wissenschaftlichen Revolution am Beginn der Frühen Neuzeit gesprochen werden, die aber gerade nicht mit dem Ende der Naturphilosophie verbunden gewesen ist.[10]

Für die religiöse Seite des Diskurses ist entscheidend, dass es den Florentiner Theologen und ihren Nachfolgern darum ging, durch den Rückbezug auf vermeintlich vorbiblische und auf kabbalistische Schriften eine *prisca theologia* und eine von allen Gottesverehrern gemeinsam anerkannte und anerkennbare *philosophia catholica*[11] zu konstruieren. Sie sollte zu einer im Kern und in ihrer Zuspitzung christlichen Superreligion führen, die alle theologischen und philosophischen Gräben zwischen

---

8 Vgl. jetzt z.B. Giovanni Tortoriello: The Transformations of ›Renaissance Aristotelianisms‹. The Case of Johannes Eck's Commentary to the Corpus Aristotelicum. In: Reformation and Renaissance Review 25 (2023), 63–81.

9 Diese Zusammenhänge habe ich dargestellt in Friedemann Stengel: Reformation, Renaissance und Hermetismus. Kontexte und Schnittstellen der frühen reformatorischen Bewegung, in: Archiv für Reformationsgeschichte 104 (2013), 35–81 = engl.: Reformation, Renaissance and Hermeticism. Contexts and Interfaces of the Early Reformation Movement. In: Reformation & Renaissance Review 2 (2018), 103–133.

10 Vgl. die Beiträge in: Peter R. Anstey und John A. Schuster (Hg.): The Science of Nature in the Seventeenth Century. Patterns of Change in Early Modern Natural Philosophy. Dordrecht 2005; Friedemann Stengel: Art. Naturphilosophie 2. Vom Neuplatonismus zur Naturmystik. In: Enzyklopädie der Neuzeit. Stuttgart u.a., Bd. 9 (2009), 33–35.

11 Vgl. Stephan Alan Farmer: Syncretism in the West. Pico's 900 Theses (1486). The Evolution of Traditional Religious and Philosophical Systems. With Text, Translation, and Commentary. 2. Aufl. Tempe 2008, 520f. (These 30).

Juden, Griechen, Türken und Christen überbrückte.[12] Schon für Nikolaus von Kues galt: »religio una in rituum varietate«.[13]

Mit diesem Projekt war eine Anthropologie verbunden, die ihren zeitgenössisch bekanntesten Ausdruck in Picos *Oratio de hominis dignitate* gefunden hat, jenem Vorwort zu den 900 Thesen, die nie auf einer Konferenz diskutiert, aber durch Picos ausführliche *Apologia* der Thesen inhaltlich dennoch bekannt wurden. Wenn der »Anthropozentrismus des humanistischen Menschenbildes« als negative Voraussetzung für Luthers Reformation betrachtet wird,[14] dann ist dieses Menschenbild am deutlichsten und am einflussreichsten in der *Oratio* vertreten. Aber worin sind seine Wurzeln zu sehen, die nicht in der Vorrede selbst, sondern erst in den 900 Thesen ausführlich offengelegt sind? Es ist die kosmische Anthropologie und Ficinos aus der Himmelslehre al-Ġazzālīs und anderer abgeleitete Engelwelt, ein aus Hermes Trismegistos und kabbalistischen Quellen kompilierter Anthropozentrismus, der im *Adam kadmon* den gottgleichen Urmenschen und das Zentrum des Alls erblickt, ausgestattet mit Willens- und Handlungsfreiheit, Exemplar einer Menschheit, die selbst entscheiden kann, über den vielgegliederten Engelshimmel hinaus in die göttliche Sphäre zu gelangen – oder Vieh zu sein.[15] Der Mensch, ein Chamäleon, ist für Pico in der Lage, sich seiner Körperlichkeit zu entledigen. Er gilt Pico nicht als irdisch und nicht als himmlisch, sondern als ein göttliches Wesen in Menschengestalt, das mit menschlichem Fleisch nur umkleidet ist.[16] Picos Mensch steht in der »Mitte der Welt« und besitzt Potenzen, die über die Kapazitäten der höchsten Geister hinausgehen, weil diese Geister von Anfang an das

---

12 Vgl. Stengel, Reformation, 38–42.

13 Nikolaus von Kues: De pace fidei. Der Friede im Glauben, hg. und übers. von Rudolf Haubst. 3. Aufl. Trier 2003, 6.

14 Vgl. Thomas Kaufmann: Geschichte der Reformation. Frankfurt a.M.; Leipzig 2009, 123.

15 Pico, Würde, 6f. Dazu Walter Andreas Euler: »Pia philosophia« et »docta religio«. Theologie und Religion bei Marsilio Ficino und Giovanni Pico della Mirandola. München 1998, besonders 99–122, zu Ficino passim; sowie zu Ficino ebd., 259–268.

16 Pico, Würde, 6–9.

waren, was sie »in alle Ewigkeit« sein würden,[17] gleichsam spirituelle Automaten ohne Entwicklungsfähigkeit. Auch für Ficino besitzt der Mensch durch die *divinitas* seiner Seele *dignitas*, weil sie der materiellen Sphäre überlegen ist und eine innere Neigung zu Gott besitzt, zu dem sie als dem *summum bonum* strebt, *aus* dem sie nicht emanativ wie bei Plotin, sondern *von* dem sie, allerdings direkt, in einem Akt *ex nihilo*, geschaffen ist.[18] Bereits die Ebenbildlichkeit (imago Dei) der menschlichen Seele ist eine übernatürliche Gottesgabe, es bedarf keiner zusätzlichen Gottähnlichkeit (similitudo). Die Ausrichtung der Seele auf Gott ist natürlicher Trieb und in diesem Sinne eine Begabung, die den Menschen von allen anderen Wesen grundsätzlich unterscheidet.[19] In Ficinos *theologia Platonica* sind Menschen »Dei vicarii in terra«; nach seiner innersten, der gottebenbildlichen Seelenqualität ist der Mensch »Deus in terris«.[20] Diese Anthropozentrik ist zutiefst theologisch: Der geschaffene Mensch wird zuerst in seiner Gottebenbildlichkeit gesehen, die Verbindungen, nicht das Trennende gegenüber Gott rückt in den Vordergrund.

Diese hermetisch-kabbalistisch-neuplatonisch beeinflusste Anthropologie hat bei Pico und Ficino wie dann auch bei Erasmus und schon bei Cusanus erhebliche Konsequenzen für die Rolle Jesu Christi im Rechtfertigungsgeschehen. Denn die Anlagen des gottebenbildlichen Menschen stellen die Notwendigkeit der Zurechnung des fremden, durch Christus erworbenen Verdienstes in Frage. Allerdings wird die soteriologische Rolle Jesu Christi nicht aufgegeben, sondern signifikant verschoben.[21] Ohne Namensnennung des kirchenamtlich verfolgten

---

17 Ebd., 5–7.

18 Vgl. Jörg Lauster: Die Erlösungslehre Marsilio Ficinos. Theologiegeschichtliche Aspekte des Renaissanceplatonismus. Berlin; New York 1998, 48f.; Hanns-Peter Neumann: Natura sagax – Die geistige Natur. Zum Zusammenhang von Naturphilosophie und Mystik in der frühen Neuzeit am Beispiel Johann Arndts. Tübingen 2004, 97–99.

19 Vgl. Lauster, Ficino, 51f.; Neumann, Natura sagax, 116.

20 Ficino, Theologia Platonica XVI 6–7, zitiert nach Lauster, Ficino, 58, sowie 62.

21 Vgl. Stengel, Hermetismus, 42–44, 69–71, 79f., engl.: 5f., 21–23, 27f.

Pico notiert Erasmus in geradezu wörtlicher Anlehnung an Picos *De hominis dignitate* im *Enchiridion militis christiani* 1503, neun Jahre nach Picos frühem Tod: Zwischen Geist und Fleisch stehe der Mensch, dank seiner göttlichen Seele besitze er Freiheit, auf die Seite des Geistes zu wechseln und zum Himmlischen aufzusteigen – oder auch zum Niederen herab. »Der Geist läßt uns also zu Göttern werden, das Fleisch zu Tieren«;[22] der Mensch sei

> »der Seele nach göttlich, dem Körper nach wie ein stummes Vieh. Dem Leibe nach übertreffen wir das Geschlecht der Tiere keineswegs, wir sind ihm vielmehr an allen seinen Gaben unterlegen. Der Seele nach sind wir aber sogar der Gottheit fähig, so daß wir uns selbst über die Engel erheben und mit Gott eins werden dürfen.«[23]

Für einen stellvertretenden Sühnetod Christi ist in diesem Menschenbild kein Platz. Hier spielt Christus allerdings eine andere Rolle. Schon in Cusanus' *De pace fidei* steht nicht das Kreuz mehr im Vordergrund. Cusanus verschiebt das Verdienst Christi in die Auferstehung: Durch seinen Tod ist überhaupt erst die Auferstehung möglich, aber nur *solo Christo* und *sola fide* wird man seiner teilhaftig.[24] Die Wiedergeburt führt zur Wiederherstellung der *innocentia mentis* und *excellentia* der Seele, zur Restitution der ursprünglichen *amicitia Dei*, aber die soteriologische Besonderheit Christi liegt nicht in seiner Ermordung, sondern im Übermaß seiner Liebe und Tugend.[25] Dass der synergetische Aufstieg der

---

22 Erasmus von Rotterdam: Enchiridion militis christiani. Handbüchlein eines christlichen Streiters. In: Erasmus, Schriften, Bd. 1, 143.

23 Ebd., 109.

24 Vgl. Nikolaus von Kues: Cribratio Alkorani. Sichtung des Korans. Lateinisch-deutsch, hg. von Ludwig Hagemann und Reinhold Glei. Bd. 2, Hamburg 1990, (Buch 2), 53–71 (XVI-XVII); Bd. 3, Hamburg 1993, (Buch 3), 89–93 (XX); Kues, De pace, 13, 42f., 48f., 50–53. Zu Erasmus' und Nikolaus' von Kues Christologie, Anthropologie und Theologie vgl. Friedemann Stengel: Reformation und Krieg. In: Ders. und Jörg Ulrich (Hg.): Kirche und Krieg. Ambivalenzen in der Theologie. Leipzig 2015, 49–105, ab 72 passim.

25 Vgl. Lauster, Ficino, 100, 115f.

Seele dennoch nur *sola gratia* geschehe, also gerade nicht als Selbsterlösung, ist für Ficino ebenso klar wie für seinen Anhänger Erasmus.[26] Aber Kreuz, Leiden und Stellvertretung auf der Basis eines satisfaktorisch zu heilenden Rechtsverhältnisses zwischen Gott und Mensch, etwa im Sinne Anselms von Canterbury, spielen in diesen Entwürfen keine Rolle.

Wenn das von Pico, Ficino, Erasmus, Reuchlin und anderen vertretene Menschenbild unter dem Schlagwort des Humanismus verbucht wird, wie es weithin geschieht, droht eine Begriffsverwirrung, weil *erstens* die Kirchen-, Christentums- und vielleicht auch Religionsdistanziertheit oder -feindschaft des Humanismus aus dem 19. und 20. Jahrhundert kaum abzutrennen ist, diese Verhältnisbeschreibung aber im klaren Widerspruch zu den wichtigsten Referenzautoren des Humanismus der Frühen Neuzeit steht – die außerdem den Begriff Humanismus gar nicht kennen. *Zweitens* haben die Anthropologien Picos, Ficinos und ihrer Rezipienten mit *studia humanitatis* als akademischer Ausbildungsbezeichnung kaum etwas zu tun. *Drittens* aber ist die Antikeaneignung bei diesen Autoren nicht einfach die der römischen und griechischen Klassiker, sie bildet nicht einen abrufbaren Kanon mit Lukrez, Vergil, Ovid oder Cicero aus. Das wird schnell deutlich, wenn man den Umfang von Ficinos um und nach 1500 in Straßburg herausgebrachten Übersetzungen hermetischer, magischer, neuplatonischer und dämonologischer Literatur betrachtet. Mit Widmung an Leo X. war ein zwanzig dämonologisch-hermetische Schriften umfassender Sammelband Ficinos 1516 in Venedig schon zum zweiten Mal aufgelegt worden.[27] Schließlich ist zu ergänzen, dass die Florentiner und ihre

26 Vgl. ebd., 82–84, 110–112, 121f., 124–156 u.ö. Generalisierende Aussagen über die angeblich ganz un- oder antisoteriologischen Perfektibilitätstheorien und eine geradezu unchristliche Anthropozentriertheit des ›Humanismus‹ halten im Blick auf Ficino und Pico und ihre Rezipienten den Quellen nicht stand. Vgl. etwa Harm Klueting: Das Konfessionelle Zeitalter. Europa zwischen Mittelalter und Moderne. Kirchengeschichte und Allgemeine Geschichte. Darmstadt 2007, 101.

27 Vgl. das intensiv durchgearbeitete, mit zahlreichen Unterstreichungen und Besitzvermerk eines Magdeburger Gymnasiums versehene Exemplar in der Halleschen Universitätsbibliothek: Iamblichus de mysteriis Aegyptiorum. Chalde-

Nachfolger die christlichen, jüdischen, arabischen und anderen antiken Texte ja nicht einfach übersetzten, sondern sie in ihrem eigenen System einer *theologia Platonica* oder einer *philosophia christiana* kompilierten und transformierten.[28] Die Rubrizierung Picos, Ficinos und ihrer Rezipienten als Humanisten würde den Eindruck erwecken, diese Autoren hätten lediglich Platon und andere Schriften des griechisch-römischen Altertums rezipiert, nicht aber hermetisches, magisches und kabbalistisches, teilweise klandestines Schrifttum, das aus bestimmten, sich für aufgeklärt haltenden Perspektiven des 19. und 20. Jahrhunderts ebenso unaufgeklärt, mystisch oder superstitiös erschien wie dem genannten Georg Voigt,[29] der Pico und Ficino kurzerhand aus dem humanistischen Kanon ausklammerte und behauptete, es habe gar keine magischen Humanisten gegeben. Als superstitiös oder esoterisch qualifizierte Quellen werden auf diese Weise aus der Genealogie der Moderne herausgeschrieben.

Der Humanismusbegriff ist an den genannten Punkten als Sammelbezeichnung irreführend, weil sich Autoren wie Pico und Ficino nicht gegenüber dem Christlichen an sich abgegrenzt haben, sondern gegenüber einem *bestimmten*, nämlich augustinischen und dann von Luther vehement propagierten Verständnis von Christentum mit einer klar antipelagianischen, satisfaktorischen und imputatorischen Soteriologie und Anthropologie.[30]

---

orum. Assyriorum. Proclus Platonicum Alcibiadem de anima, atq. daemone. Proclus de sacrificio & magia. Porphyrius de divinis atq. daemonibus. Synesis Platonicus de somnis. Psellus de daemonibus. Expositio Prisciani & Marsilii in Theophrastum de sensu, phantasia & intellectu. Alcinoi Platonici philosophi liber de doctrina Platonis. Speusippi Platonis discipuli liber de platonis definitionibus. Pythagorae philosophi aurea verba. Symbola Pithagorae philosophi. Xenocratis philosophi platonici liber de morte. Mercurii Trismegisti Pimander. Eiusdem Asclepius. Marsilii Ficini de triplici vita Lib. II. [...]. [2. Aufl.] Venetiis (1516).

28 Vgl. dazu nach wie vor Paul Oskar Kristeller: Die Philosophie des Marsilio Ficino. Frankurt a.M. 1972. Für Pico vgl. vor allem Farmer.

29 Vgl. oben Seite 66, Anm. 197.

30 Vgl. Stengel, Hermetismus. Eine Neuinterpretation der reformatorischen Theologie und Christologie vor dem Hintergrund der strikten Ablehnung der herme-

Wenn ›Humanismus‹ auf solche Autoren angewendet wird, ist damit zwangsläufig die Behauptung und Verteidigung des ›eigentlichen‹ und ›wahren‹ Christlichen verbunden. Darunter verbergen sich aber bestimmte theologisch-anthropologische Konzepte: gegenüber dem ›Anderen‹, das in diesem Fall unter dem kaum klar bestimmbaren modernen Begriff des Humanismus subsumiert wird. Meint man etwa, wer die augustinisch-lutherische Soteriologie nicht konsequent vertrete, sei kein Christ,[31] dann wird *nolens volens* ein bestimmtes Verständnis dessen, was orthodox sei, in die Frühe Neuzeit verschoben und zugleich universalisiert, wo es gerade um die Validität des Christlichen und um die Bezeugung der eigenen Orthodoxie und Legitimität ging – ob man sich selbst nun in die christliche Tradition augustinisch-antipelagianischer, hermetischer oder anderer Prägung einordnete.

3.3 Lösungsvorschlag I: Konsequente Historisierung

Wie sollten Pico und Erasmus, die den Humanismus gar nicht kennen, sondern eine angelologisch-dämonologische und magisch konnotierte Anthropologie vertreten, mit dem pädagogischen Zugang Niethammers, mit dem Marxismus, der metaphysische Menschenbilderklärungen und ein Freiheitspathos, das Pico und Ficino vorbringen, brüsk zurückweist, oder mit Ruges modifiziertem Inkarnationshumanismus, geschweige mit dem sozialistischen und nichtchristlichen Humanismus

---

tisch-kabbalistischen Bewegung innerhalb der Kirche hat jetzt vorgelegt: Giovanni Tortoriello: Scala Christus est. Reassessing the Historical Context of Martin Luther's Theology of the Cross. Tübingen 2023 (Spätmittelalter, Reformation, Humanismus; Bd. 135).

31 Gegen diesen Vorwurf Luthers wehrte sich bereits Erasmus, der das Christsein umgekehrt selbst in Anspruch nahm, vgl. Erasmus von Rotterdam: Hyperaspistes diatribae adversus servum arbitrium Martini Lutheri. Liber primus. Erstes Buch der Unterredung »Hyperaspistes« gegen den »unfreien Willen« Martin Luthers. In: Ausgewählte Schriften, hg. von Werner Welzig. Bd. 4, Darmstadt 1995, 327, sowie 138.

der SED, mit dem existenzphilosophischen Martin Heideggers[32] oder mit dem (re-theologisierten) Humanismusbegriff der Menschlichkeit Gottes bei Karl Barth[33] in Einklang gebracht werden?

Um der sowohl klar theologischen Akzentuierung und der speziellen Art der sogenannten Antikeaneignung gerecht zu werden, halte ich es für angemessen, bei den sonst als Humanisten betrachteten Autoren der Frühen Neuzeit wie Pico, Ficino, Reuchlin oder Erasmus nicht von Humanismus, sondern von »christlichem Hermetismus« oder eben von »christlicher Kabbala« zu sprechen.[34] Christlicher Neuplatonismus wäre gegenüber dem Profil der rezipierten Literatur eine Verengung, auch wenn neuplatonische Texte von den genannten Autoren ebenfalls produktiv verarbeitet worden sind. Daher wäre auch die Rede von hermetisch-neuplatonisch-kabbalistischen Rezeptionen in der Renaissance angemessen und streng auf den historischen Kontext bezogen – im Gegensatz zu dem uneindeutigen und irreführenden Begriff ›Humanismus‹, dessen auch nur heuristische Verwendung auf scheinbar unüberwindbare epistemologische und historiographische Hindernisse stößt. Mit den hermetisch-neuplatonisch-kabbalistischen Rezeptionen kann hingegen die hybride Aneignung und produktiv kombinierende Neugestaltung von christlichen und hermetischen Literaturen in den modernen Lehrgebäuden und Debatten des philosophisch-theologischen Diskurses um 1500 treffend beschrieben werden.

Der von manchen Esoterikforschern vorgeschlagenen Anwendung des Esoterikbegriffs schließe ich mich nicht an, unter anderem, weil der aus dem 19. Jahrhundert stammende und schon vorher vereinzelt gebrauchte Esoterikbegriff hier auf Autoren der Frühen Neuzeit übertragen würde und dabei ganz ähnliche Probleme mit sich brächte wie ›Hu-

32 Vgl. Martin Heidegger: Über den Humanismus. Frankfurt a.M. 1991 [1949].

33 Vgl. Karl Barth: Humanismus. Zürich 1950; dazu Baab, Humanismus, 88–91.

34 »Hermetismus« geht dabei über die Rezeption des Corpus Hermeticum im engeren Sinne hinaus, vgl. dazu meine Rezension zu Peter André Alt und Volkhard Wels (Hg.): Konzepte des Hermetismus in der Literatur der Frühen Neuzeit. Göttingen 2010, in: Pietismus und Neuzeit 40 (2014), 243–255, hier: 243–247.

manismus‹.[35] Dadurch würde beispielsweise eine religiös (und wissenschaftlich) gegenüber und auch entgegen dem verfassten Christentum deviante Strömung auf Ficino und Pico gespiegelt, obwohl diese Autoren sich klar als Christen bezeichnet und betrachtet haben.[36] Sie haben vielmehr eine gegenüber einem bestimmten, nämlich gegenüber dem antipelagianisch-augustinischen Christentum abweichende, aber eben in ihrem Kern christliche Theologie mit den genannten Verschiebungen in Soteriologie und Anthropologie vertreten. Im Falle von Erasmus kann man ohne Weiteres sogar von einer kräftigen Christozentrik sprechen.

Aus der historischen Perspektive sollte gerade nicht *post res* festgelegt werden, welche Gestalt des Christentums denn auch jetzt für die ›wahre‹, ›orthodoxe‹ oder ›eigentliche‹ zu haltende sei, damit davon dann Esoteriken, Heterodoxien oder eben Humanismen abgetrennt werden können. Was als ›orthodox‹, ›wahr‹ oder rechtmäßig gilt, ist Gegenstand der jeweiligen Debatten und kann gerade aus diesem Grund keine heuristische Voraussetzung einer historischen Perspektive sein. Historisch angemessen wäre es, auf der entsprechenden kontextuellen Ebene zu verbleiben – wissend, dass sich Kabbala- und Hermetismuskonzepte und -rezeptionen ebenso wie theosophische Entwürfe und

---

35 Dass der Begriff »Esoterik« im deutschsprachigen Raum seit dem 18. Jahrhundert in der Konnotation mit masonischen und pythagoreischen Strömungen gebraucht wird, erleichtert es aus meiner Sicht nicht, ihn über diese konkreten Kontexte hinaus als suprahistorische Bewegung seit der Frühen Neuzeit anzusehen. Vgl. dazu Monika Neugebauer-Wölk: Historische Esoterikforschung, oder: Der lange Weg der Esoterik zur Moderne. In: Monika Neugebauer-Wölk, Renko Geffarth und Markus Meumann (Hg.): Aufklärung und Esoterik: Wege in die Moderne. Berlin; Boston 2013, 37–72; Stengel, Lebensgeister, 345–348; Stengel, Aufklärung, 724–728; Michael Bergunder: Was ist Esoterik? Religionswissenschaftliche Überlegungen zum Gegenstand der Esoterikforschung. In: Monika Neugebauer-Wölk unter Mitarbeit von Andre Rudolph (Hg.): Aufklärung und Esoterik. Rezeption – Integration – Konfrontation. Tübingen 2008, 477–507.

36 Vgl. im Falle Ficinos seine in späteren Werkausgaben stets enthaltende Schrift De christiana religione (z.B. in Marsilii Ficini florentini, insignis philosophi. Platonici, Medici, atque theologi clarissimi, Opera […]. 2 Bde., Parisiis 1649, hier: Bd. 1, 1–73.

alchemische Praktiken bei den Autoren der Frühen Neuzeit vielfach überschneiden. Das macht es aber nicht plausibel, diese Strömungen Formationsbegriffen aus dem 19. Jahrhundert zu subsumieren. Eine präzise historische Perspektive verhindert es demgegenüber, die frühneuzeitlichen Debatten bestimmten Paradigmen aus dem 19. oder 20. Jahrhundert anzupassen, die zudem noch durch heutige Horizonte überschrieben worden sind.

Schließlich möchte ich in diesem Zusammenhang an die Warnung des prominenten Renaissanceforschers und Ficino-Experten Paul Oskar Kristeller erinnern, gerade den Florentiner Platonismus – der aus meiner Sicht deutlicher als Hermetismus zu bezeichnen ist – überhaupt als »Humanismus« im Sinne der reinen *studia humanitatis* als philologischer Antikerezeption anzusehen.[37] Um zu vermeiden, dass durch moderne Humanismuskonzepte anthropologisch-theologische Projekte wie das der Florentiner überschrieben und deren religiöse Akzentuierung verhüllt werden – wäre nicht zu überlegen, über Kristeller noch hinauszugehen und »Humanismus« nur noch dort zu verwenden, wo er historisch auch vorhanden ist – als eine Debatte? Eine solche Historisierung hätte auch zur Folge, dass die *studia humanitatis* eben nur noch als Universitäts- und Schulbewegung der Frühen Neuzeit gelten würden und gerade nicht mehr als »Humanismus«, sei es mit oder ohne anthropologische oder religiöse Implikationen.

Wenn von einer anthropologisch alternativen Christentumsauffassung gesprochen wird, dann sollten nicht Fronten aus dem 19. und 20. Jahrhundert in die Frühe Neuzeit transportiert werden, um eigene Positionen historisch abzusichern oder gegnerische Positionen mit historischer Reichweite und vor allem historisch-wissenschaftlichem Anspruch zu diskreditieren.[38] Es sollte von den Kontexten gesprochen werden, in denen diese neuartigen Anthropologien standen: dem christlichen Hermetismus, der christlichen Kabbala, und dem aktuellen

37 Vgl. Paul Oskar Kristeller: Humanismus und Renaissance. 2 Bde., München 1980 [1973], hier: Bd. 1, 58–61, auch Bd. 2, 249, sowie 11–29, Bd. 2, 244–264.

38 Vgl. etwa das oben stehende Beispiel des antikatholischen Humanismusbegriffs, Kap. 2.11.

christlichen Neuplatonismus am Beginn der Frühen Neuzeit – Strömungen, die innerhalb der Kirche mit anderen, oft antipelagianisch-augustinischen Theologien und mit machtpolitischen Instanzen in Konflikt gerieten.

3.4 Lösungsvorschlag II: Aufklärung als Kritik - auch am ›Humanismus‹!

Als historiographische und als heuristische Kategorie ist der Humanismusbegriff, weil er selbst nur im historischen Kontext betrachtet werden kann, aus meiner Sicht irreführend und daher untauglich. Er steht seit den Syntheseversuchen zwischen Niethammer, Hagen, Ruge und Voigt für den Versuch, eine in einem ganz bestimmten Kontext mit ganz bestimmten Fronten entwickelte kategoriale Bestimmung zu universalisieren und als übergeschichtliches Wesen festzuschreiben, das man »entdeckt« habe und nun lediglich in anderen historischen Epochen wiederfinden müsse, um eine in der Geschichte zu sich selbst kommende Wahrheit zugleich als Zukunftsprojekt zu erweisen. Dieses Vorgehen ist einem historischen Verfahren dezidiert entgegengesetzt, denn rezeptionelle Zusammenhänge müssen dabei gar nicht nachgewiesen werden. Es läuft letztlich auf eine Verflüssigung des Historischen in Ideen, Wesen, »Geister« hinaus, die in der Geschichte körperlich werden und auf diese Weise die Historie auch determinieren. Zugleich wird das historische Ereignis in eine »ideale Kontinuität«, in eine »teleologische Bewegung oder in eine natürliche Verkettung« aufgelöst. Das Historische wird eben gerade nicht in seiner »einschneidenden Einzigartigkeit« beschrieben.[39] Ein solches Vorgehen dient in Wirklichkeit der Legitimierung und Fixierung gegenwärtiger Positionen. Geschichte verliert so ihr eigenes Gewicht und zugleich ihr kritisches Potential, das sich in einer Historisierung zu entfalten vermag, die als konse-

---

39 Michel Foucault: Nietzsche, die Genealogie, die Historie. In: Ders.: Von der Subversion des Wissens, hg. von Walter Seitter. Frankfurt a.M. 1996, 69–90, hier: 80.

quente Kontextualisierung verstanden wird und sich der Konstruktion teleologischer Fortschrittslinien und ewiger Wertbegriffe widersetzt.

Die Beantwortung der Frage, was Humanismus sei, hängt nicht anders als die gleichlautende Frage nach der Aufklärung außerdem zuerst mit dem historischen Ort derer zusammen, die sie ausformulieren. Solche Formulierungen sind aber nicht einfach Produkte subjektiver Sichtweisen. Sie stammen aus einem stets gegenwärtigen, Interesse leitenden, Fragen und Antworten ermöglichenden und erzwingenden diskursiven Geflecht, in dem Autorinnen und Autoren produzieren.

Ist es überhaupt plausibel zu rechtfertigen, »Aufklärung« und »Humanismus« trotz ihrer kontextuell bedingten Unbestimmbarkeit als normative Denkinhalte oder teleologische Prozesse zu verstehen, die an bestimmten Punkten beginnen, wie übergeschichtliche, Geschichte aber strukturierende Wesen wirken und, sich dialektisch als Geist entfaltend, auf ihre eigene Selbstverwirklichung hinstreben? Solche unsichtbaren (Welt-)Geist-Entfaltungen können über den Status literarischer Produkte zwar nicht hinausgelangen, sie erzeugen durch ihre Rezeption jedoch bedeutende Effekte in jeweils aktuellen Auseinandersetzungen, Abgrenzungen und Frontziehungen. Wenn wir nicht der Spur eines Kunstprodukts folgen, deren Erkenntnis unsere Handlungsnormen und unseren epistemologischen Zugang leiten soll – auf wessen Spur begeben wir uns dann? Solche Projekte gesellschaftlich-(welt-)geistgeschichtlicher Manier müssen unausweichlich in den Blick geraten, weil »Humanismus« sich seit seiner Begründung zwischen Zuschreibung, Programm und Ideal bewegt. Er ist nicht nur ein Begriff mit historischen Ansprüchen, er ist in erheblichem Maße ideologieaffin, vor allem gegenüber vermeintlichen Nicht- oder Anti-Humanismen, von denen sich, wie beschrieben, Humanisten stets abgegrenzt haben und abgrenzen und die sie bei ihrer Selbstkonstituierung zugleich konstruieren.

Wer sich von weltgeistgeleiteten Zukunftsprojekten nicht führen lassen will, sondern in solchen normierenden Projekten die Gefahr eines erneuten Dogmatismus erblickt, wird zunächst auf der Ebene historisch-kritischen Denkens verbleiben und nach den Bedingungen fragen können, unter denen »Humanismus« generiert worden ist und wird.

Mit dem ersten Lösungsvorschlag war die strikte Historisierung des Humanismusbegriffs gefordert worden. In diesem zweiten Vorschlag, aus dem Dilemma des Humanismusbegriffs einen Ausweg zu finden, geht es nicht um die Historisierungsforderung. Es geht um die Frage, wie dem Dilemma entronnen werden kann, dass »Humanismus« eine ideologieaffine Kategorie ist, die stets ganz bestimmte, normative Ansprüche auf die Definition des Menschlichen – und Unmenschlichen – erhebt. Die historische Kritik kann nur die Polyvalenzen des Begriffs herausarbeiten, die mit den konkreten Grenzen der jeweiligen Kontexte eng zusammenhängen. Sie wird die Singularität der Bestimmungen von Humanismus aufzeigen und Kritik an Generalisierungen und Universalitätsansprüchen anmelden, die über die epistemologischen Möglichkeiten der historischen Kritik hinausstreben. Das haben vor allem die völlig gegensätzlichen Verhältnisbestimmungen der verschiedenen Humanismen zum Religiösen oder speziell Christlichen gezeigt. Humanismus erweist sich im Sinne Ernesto Laclaus[40] als »leerer Signifikant«, in dem stets eine Spur zu vorgängigen Bedeutungsfüllungen mit Geltungsansprüchen und Frontstellungen enthalten, bestritten und mit neuen Konnotationen verbunden worden ist. Die Fixierung des Signifikanten Humanismus auf einen bestimmten Gehalt besaß und besitzt nach wie vor eine normative Dimension. Gerade anhand der Humanismus-Debatte wird sichtbar, dass Geschichte als Geschichtsschreibung eine Funktion bestimmter gegenwärtiger Positionen ist.

Ist »Humanimus« dann überhaupt noch ein Thema, das als normatives Projekt zu gelten vermag, obwohl er seiner kontextuellen Konkretheit und Begrenztheit nicht entrinnen kann? Zunächst führe ich einige Beispiele für die Kritik an, der ein politisch und ideologisch folgenreicher Humanismusbegriff in der aktuellen Debatte ausgesetzt worden ist. In einem zweiten Schritt wird ein Vorschlag gemacht, wie Humanismus als ein kritisches Projekt seine eigene Kontextualität kritisch reflektieren und dabei dennoch ein ethisches Projekt sein kann.

40 Vgl. oben Seite 59, Anm. 164.

Michel Foucault, der seit den 1970er Jahren besonders seitens deutscher Historiker und Philosophen im Gefolge von Jürgen Habermas als Gegenaufklärer und Anti-Humanist bezeichnet worden ist,[41] hat die nach und mit ihm anhebenden Auseinandersetzungen um die Validität und Normativität eines hegemonialen und in der Regel westlichen Humanismusbegriffs beflügelt.

Ernesto Laclau und Chantal Mouffe sind Zweifeln – oder vielleicht besser: Ängsten – entgegengetreten, man würde den Humanismus verlassen, wenn man den humanistischen Werten einen wesenhaften, also überhistorischen und daher universalgültigen Status abspreche. Es gehe aber gar nicht um den Humanismus, meinen sie. Es gehe darum aufzuzeigen, wie der Mensch in der Moderne produziert worden ist. Das Stichwort Produkt ist hier aus meiner Sicht besonders zu betonen, um die Diskursivität und eben auch Performativität des Mensch-Begriffs und die Genese der Identitäts- und Subjektkonstruktionen herauszuarbeiten. Erst durch diese Arbeit, so Laclau und Mouffe, könne die Befähigung entstehen, wirksamer und ohne Illusionen »für die Verteidigung humanistischer Werte« zu kämpfen.[42]

Demgegenüber hat Edward Said besonderes Gewicht auf den westlich-hegemonialen Charakter der Humanismusthematik gelegt, dessen vermeintlich transzendenter humanistischer Standard letztlich eine Erfindung des westlichen Liberalismus sei. Zugleich hat Said sich von Foucault abgesetzt und den Humanismusbegriff für sich selbst in Anspruch

---

41 Vgl. dazu Michael Maset: Diskurs, Macht und Geschichte. Foucaults Analysetechniken und die historische Forschung. Frankfurt a.M. 2002, 12–19 u.ö.; Thomas Biebricher: Selbstkritik der Moderne. Foucault und Habermas im Vergleich. Frankfurt a.M.; New York 2005; Georg Kneer: Rationalisierung, Disziplinierung und Differenzierung. Zum Zusammenhang von Sozialtheorie und Zeitdiagnose bei Jürgen Habermas, Michel Foucault und Niklas Luhmann. Opladen 1996; Friedemann Stengel: Diskurstheorie und Aufklärung. In: Neue Zeitschrift für Systematische Theologie und Religionsphilosophie 61 (2019), 453–489 = engl.: Discourse Theory and Enlightenment. In: Aries 16 (2016), 49–85.

42 Vgl. Ernesto Laclau und Chantal Mouffe: Hegemonie und radikale Demokratie. Zur Dekonstruktion des Marxismus. Wien 1991, 154f.

genommen.[43] Dem ist Homi K. Bhabha nicht gefolgt, als er den Zusammenhang zwischen dem Rassismus und dem – hier bürgerlichen und liberalen – Humanismus dargelegt hat.[44]

Dipesh Chakrabarty wiederum hat Foucaults Warnung vor universellen Normativen wie dem Humanismus aufgegriffen, weil sie »im besten Fall utopisch, im schlimmsten jedoch gefährliche Listen der Macht« seien und ihre Partikularität und Provinzialität nur unter dem Deckmantel der Universalität verbergen würden. Zugleich hält er aber im Anschluss an die Négritude am Normativ eines universalen Humanismus fest, nämlich am »Universalismus der Unterdrückten«.[45]

Die Anwendung von militärischer Gewalt mit der Begründung, es handele sich um Nothilfe *und* um die Universalisierung des Humanismus, ist von Thomas Biebricher nachhaltig kritisiert worden. Die von Jürgen Habermas im Zusammenhang mit dem Kosovo-Krieg vorgelegte Argumentationslinie, es gehe um die Verrechtlichung internationaler Beziehungen, man müsse einen weltbürgerlichen Zustand herstellen und für völkerrechtliche Nothilfe auch eine (militärische) humanitäre Intervention leisten, habe außerdem die problematische Situation geschaffen, in der der »mutmaßliche Verbrecher« (hier Serbien) letztlich über die »Legalität einer Polizeiaktion« entscheide.[46] Auf diese Weise wende sich Habermas gegen die »Rigidität der kantischen Pflichtethik«, indem er die Gültigkeit moralischer Gesetze daran knüpfe, ob sie auch eingehalten werden, dass sie also unter Umständen durch strategische

---

43 Das kritisiert James Clifford: Über Orientalismus. In: Ders.: The Predicament of Culture: Twentieth-century Ethnography, Literature, and Art. Cambridge; London 1988, 255–276, hier: 263f., 270.

44 Vgl. Homi K. Bhabha: Die Frage der Identität. Frantz Fanon und das postkoloniale Privileg. In: Ders.: Die Verortung der Kultur. Tübingen 2000, 59–96, hier: 90f.; Ders.: »Rasse«, Zeit und die Revision der Moderne. In: ebd., 353–384, hier: 376.

45 Dipesh Chakrabarty: Humanismus in einer gobalen Welt. In: Ders.: Europa als Provinz. Perspektiven postkolonialer Geschichtsschreibung. Frankfurt a.M.; New York 2010, 149–168, hier: 166, 168.

46 Vgl. Biebricher, Selbstkritik, 236–243, Zitat: 238.

Interventionen außer Kraft gesetzt werden können.[47] Damit scheint der Versuch auf, ein sozusagen postsozialistisches Fortschrittsdenken historisch abzusichern, das sich zugleich als humanitär betrachtet und militärische Mittel zur Durchsetzung von Humanismus gestattet – nicht nur zum Zwecke der Selbstverteidigung nach geltendem Völkerrecht (Artikel 51 der UN-Charta) wie im Falle des imperialistischen Angriffskrieges Russlands gegen die Ukraine seit 24. Februar 2022.

Das sind nur einige Bezüge, in denen Humanismus über die im engeren Sinne historische Dimension hinaus als ethisches Normativ zur Disposition gestellt wird. Dennoch sichern sich auch diese Humanismen nicht nur moralisch, sondern auch historisch, nämlich meist mit Bezug auf die Aufklärung und die Werte der (westlich) verstandenen Humanismen ab.

Was hat der historische Durchgang durch die äußerst heterogene Humanismusdebatte nun aber für solche problematischen Absicherungen politischen Handelns zur Folge? Im Anschluss an Michel Foucaults späte Forderung nach einer konsequenten Historisierung des Humanismus möchte ich den Bogen zum Anfang meiner Ausführungen schlagen und die Frage nach dem Verhältnis von Aufklärung und Humanismus aufwerfen, die eine der Hauptperspektiven für Niethammers Humanismus und deren Rezeption durch Schelling gewesen ist. Für Foucault sind Aufklärung und Humanismus keine in sich geschlossenen Systeme, die man nur rekonstruieren müsste, um sie als Handlungsnormativ anzuwenden, so als bräuchte man einen historischen Vorgang nur ›richtig‹ zu verstehen, um für die Zukunft daraus zu ›lernen‹. Aufklärung unterliegt als konkretes historisches *Ereignis* der historischen Kritik. Und der Humanismus unterliegt der historischen Kritik, weil er eine in konkrete Diskurse eingebundene *Thematik* sei, die wegen ihrer Elastizität, Verschiedenartigkeit und Inkonsistenz nicht selbst Reflexionsachse sein kann, sondern eben Gegenstand der Debatten.

Es ist also zunächst festzuhalten, dass »Humanismus« nicht den Debatten vorausgeht, sondern gerade das Thema derjenigen Debatten ist, in denen es darum geht, wie Mensch und Menschheit sind und wie

47 Vgl. ebd., 240.

sie sein sollen. In diesem Sinne ist »Humanismus« keine Kategorie, an denen Debatten gemessen und mit deren Hilfe sie bewertet oder sortiert werden. Die Antwort auf die Frage »Was ist Humanismus?« lautet also: »Humanismus« ist selbst eine Debatte und als solche dem historisch-kritischen Prozedere zu unterziehen. Schließlich beschreibt und rechtfertigt Humanismus die Vorstellungen des Menschen, auf die dieser selbst angewiesen ist.[48] Dem steht das Prinzip der Kritik und der autonomen »permanenten Kreation unserer selbst« ja geradezu entgegen,[49] nicht als Selbstentdeckung im Sinne eines zum vermeintlichen Ursprung zurückgehenden metaphysischen Projekts, sondern als »asketische Selbsterfindung,«[50] als »unbestimmte Arbeit der Freiheit«.[51] Es ist nicht ein bestimmtes, sei es humanistisches, Menschenbild, sondern das Prinzip der Kritik, das Foucault im »Herzen des historischen Bewußtseins«[52] eines aufklärerischen Ansatzes erblickt: in der Philosophie Kants.

Im Anspruch, die eigene Vernunft zu gebrauchen, auch um die Grenzen der eigenen Existenz und der herrschenden Normen in Frage zu stellen, liegt ein ethischer Anspruch, den Foucault aus der Überordnung der praktischen Vernunft über die theoretische Vernunft und die

---

48 Vgl. Michel Foucault: Was ist Aufklärung? In: Ders.: Ethos der Moderne. Foucaults Kritik der Aufklärung, hg. von Eva Erdmann, Rainer Forst und Axel Honneth. Frankfurt a.M.; New York 1990, 35–54, hier: 46f.; vgl. dazu Andrea Hemminger: Kritik und Geschichte: Foucault – ein Erbe Kants? Berlin; Wien 2004, 186–211; Ulrich Brieler: Die Unerbittlichkeit der Historizität. Foucault als Historiker. Köln et al. 1998, 605–628. Foucault weist ausdrücklich auf die genannte Ambivalenz von »Humanismus« hin. Er nennt einen religions- und christentumskritischen, einen christlichen, einen theozentrischen, einen wissenschaftsfeindlichen, einen wissenschaftsfreundlichen, einen existentialistischen, personalistischen, marxistischen, nationalsozialistischen und stalinistischen Humanismus, vgl. ebd., 47.

49 Foucault, Aufklärung, 47.

50 Ebd., 45.

51 Ebd., 49.

52 Ebd., 47. Vgl. auch Michel Foucault: Was ist Kritik? Berlin 1992; Judith Butler: Was ist Kritik? Ein Essay über Foucaults Tugend. In: Deutsche Zeitschrift für Philosophie 50 (2002), 249–265.

Erkenntnis bei Kant ableitet.[53] Die Epistemologie wird mit der Aktualität im Rahmen einer ethischen Grundhaltung zur Veränderung der Gegenwart verknüpft. Aufklärung ist als Ausgang sowohl ein Prozess, an dem Menschen teilhaben, als auch ein »Akt des Mutes« – das ist es, was sich Foucault aus Kants berühmter *Beantwortung der Frage: Was ist Aufklärung?* in seinem letzten großen Text besonders notiert.[54] Dieser »Akt des Mutes« führt in einen aus der Gegenwart heraus anhebenden Prozess, der das Verhältnis zwischen öffentlichem und privatem autonomem Vernunftgebrauch neu klären will.[55] Es ist ein Moment, ein Akt, den der Einzelne jeweils autonom vollzieht, ein Moment, der aus sich selbst heraus jeweils neu zu vollziehen ist und nicht zu einem geschichtlichen Abschluss kommt, indem er eine Formulierung ewig geltender Wahrheiten erlaubt. Aufklärung geschieht unabhängig von politischen und geistigen Autoritäten, unabhängig von Illusionen, Dogmatismus und Heteronomie,[56] aber eben auch, so wäre Foucault zu ergänzen, unabhängig von einem vermeintlich ewigen, universalen, Ansprüche erhebenden Menschenbild, ob es nun unter dem Namen »Humanismus« daherkommt oder nicht. Denn solche normativen Behauptungen des Humanum sind stets historisch-kontextuell generiert. Das gilt auch für (jeweils) bestimmte religiöse Auffassungen darüber, wie der Mensch sei und wie er sein soll.

Zwischen einer Aufklärung, die Foucault als kritisches Prinzip betrachtet, und dem Humanismus als einem handlungsbestimmenden Normativ besteht demnach »eher eine Spannung als eine Identität«.[57] Denn eine Instanz, die der Kritik vorgeordnet wäre oder ihr Regeln vorschreiben würde, wäre vorkritisch, ›heilig‹, unantastbar. Umgekehrt muss jede dieser Instanzen dem historisch-kritischen Projekt unterworfen werden. Weder Aufklärung noch Humanismus dürfen als

53 Vgl. Hemminger, Kritik, 178.

54 Vgl. Foucault, Aufklärung, 37f.

55 Vgl. ebd., 39f.

56 Vgl. ebd., 41.

57 Ebd., 47.

außerdiskursive Bedingungen des Diskurses betrachtet werden, weil sie dessen Analyse sonst verhindern.

Damit ist nicht Rosi Braidottis Forderung nach einem »Posthumanismus« als Überwindung des »Gegensatzes von Humanismus und Antihumanismus« und des »antihumanistischen Tod[es] des Menschen« gemeint. Denn indem Braidotti »Grundprämissen *der* Aufklärung« identifiziert, nämlich den Fortschritt und die Perfektionierung der Menschheit durch einen »selbstregulierenden, teleologisch angelegten Gebrauch der Vernunft« und durch eine »säkulare wissenschaftliche Rationalität«, behauptet sie einen essentiellen und historischen Kern von Aufklärung (und gleichermaßen von Vernunft und Rationalität), der zugleich als humanistisches Normativ, wenn auch als ein zu überwindendes, zu gelten habe.[58] Damit muss sie von einem einigermaßen monolithischen Aufklärungs*ereignis* ausgehen, was dem Befund einer in sich keinesfalls geschlossenen, sondern im Gegenteil überaus heterogenen Bewegung widerspricht, die im Übrigen auf bestimmte europäische Gelehrtenkreise beschränkt war, aber seither Anspruch auf universale Geltung erhebt. Der genealogische Befund der vorliegenden Studie zum »Humanismus« steht dem ebenfalls entgegen. Wenn Braidotti davon ausgeht, dass in der Postmoderne die »strukturellen Anderen des modernen humanistischen Subjekts wiederkehren«[59] würden, wird der zuvor vollzogene Ausschluss dieser »Anderen«, beispielsweise der Religion, ebenfalls vorausgesetzt. Auch diesem Befund widerspricht die Genealogie der »Humanismus«-Debatte seit Niethammer wie auch die in den letzten Jahren festgestellte Polyvalenz des lediglich auf einige

58 Rosi Braidotti: Posthumanismus. Leben jenseits des Menschen. Frankfurt a.M.; New York 2014, 42. [Hervorhebung FS]. Vgl. auch 19, wo Braidotti einen konventionellen und essentialistischen Humanismus-Begriff formuliert: »Der Glaube an die einzigartigen, selbstregulierenden und im Kern moralischen Kräfte menschlicher Vernunft bildet einen integralen Bestandteil dieses hochhumanistischen Ideals, das vor allem im 18. und 19. Jahrhundert anhand der Interpretation klassischer Prinzipien der Antike und der italienischen Renaissance begründet wurde.«

59 Ebd., 42.

Teile Europas begrenzten Aufklärungsdiskurses im langen 18. Jahrhundert. Anstatt von Ausschlüssen wäre eher von Marginalisierungen, Bagatellisierungen und vor allem von nachträglichen ideologischen Überformungen insbesondere seit dem 20. Jahrhundert zu sprechen, die die historische »Aufklärung« mit Säkularismus, Materialismus oder gar Atheismus gleichgesetzt haben.

Demgegenüber insistiert Foucault auf einem gewissermaßen zweifachen Verständnis von Aufklärung. Aus der historischen Perspektive ist Aufklärung als Ereignis Gegenstand der historischen Kritik. Aufklärung, so verstanden, hinterfragt aber zugleich das Historischwerden auch der menschlichen, auch der eigenen, Existenz und arbeitet ihre Regeln heraus. Damit überschreitet Aufklärung im Sinne des kantischen »Ausgangs« die Grenze zwischen Geschichte und Philosophie mit dem Ziel, die Gegenwart durch Erkenntniskritik – nicht durch totalitäre Projekte[60] – zu verändern. Die Kritik ist das »Handbuch« der in der Aufklärung mündig gewordenen Vernunft, und die Aufklärung ist das »Zeitalter der Kritik«. In der strikten Abkehr von jedweder Teleologie und jedwedem Ursprungsdenken und in seiner Hinwendung zur Aktualität erkennt Foucault den Schnittpunkt zwischen »kritischer Reflexion« und der Reflexion über Geschichte;[61] mit dieser Reflexion wird die kantische Kritik an den menschlichen Erkenntnisgrenzen ins Historische gewendet. Damit ist das Humanum als jeweils Historisches selbst der historisch-kritischen Reflexion ausgesetzt. Zugleich besteht in dieser Kritik eine entscheidende Potenz menschlichen Agierens. Dies zu beginnen ist nicht eine logische Folge, Selbstverständlichkeit oder Notwendigkeit. Es ist Ethos, ein »Akt des Mutes«.

Judith Butler hat in Anknüpfung an Foucault und Kant die Kritik an den Humanismen als handlungseinschränkenden und Heteronomie bewirkenden Normativen an manchen Stellen wiederholt. Sie hat betont, dass die von Foucault postulierte Kritik zugleich und vor allem

---

60 Vgl. Foucault, Aufklärung, 49f.

61 Ebd., 41 [Hervorhebungen getilgt].

ein Ethos ist, eine Haltung,[62] wie Foucault selbst es beschreibt: ein philosophisches Ethos, das nichts anderes ist als die »permanente Kritik unseres historischen Seins«, die nicht in eine Theorie, Doktrin oder in ein bloßes Wissenskorpus münden dürfe.[63]

Dass diese Kritik vor dem Historischen nicht haltmacht, wäre nicht nur eine Aufgabe des Historikers; es wäre die Haltung, unsere eigene Historizität ebenso anzuerkennen wie die Historizität der Narrative und der Normen – eben auch des Humanismus –, die in Diskursen konstruiert werden, die die Gegenwart ordnen, normieren, reglementieren, unterwerfen. Historisierung wäre in diesem Sinne nichts weniger als ein kritisches Projekt der Freiheit.

---

62 Vgl. Judith Butler: Kritik, Dissens, Disziplinarität. Zürich 2011 [engl. 2009], 38f., 41, sowie Butler, Kritik.

63 Foucault, Aufklärung, 45, 53. Die Ethik des Historikers bestehe gerade darin, hinter jeder Geschichte, auch der eigenen, ein egoistisches Interesse zu sehen, vgl. Brieler, Unerbittlichkeit, 289.

Literatur

Alt, Peter André und Volkhard Wels (Hg.): Konzepte des Hermetismus in der Literatur der Frühen Neuzeit. Göttingen 2010.

Anstey, Peter R. und John A. Schuster (Hg.): The Science of Nature in the Seventeenth Century. Patterns of Change in Early Modern Natural Philosophy. Dordrecht 2005.

Art. Amerika. In: Herders Conversationslexicon 1 (1854), 151–158.

Art. Humaniora oder Humanitatis Studia. In: Johann Heinrich Zedler: Großes vollständiges Universallexikon 13 (1735), 1155f.

Art. Humanistae. In: Johann Heinrich Zedler: Großes vollständiges Universallexikon 13 (1735), 1156.

Art. Humanität. In: Herders Conversationslexicon 3 (1855), 365.

Art. Reuchlin. In: Herders Conversationslexicon 4 (1856), 714.

Baab, Florian: Was ist Humanismus? Geschichte des Begriffes, Gegenkonzepte, säkulare Humanismen heute. Regensburg 2013.

Barth, Karl: Humanismus. Zürich 1950.

Bemerkungen zu Herrn Prof. Klumpp's Schrift: Die gelehrten Schulen nach den Grundsätzen des wahren Humanismus und den Anforderungen der Zeit. Von einem Freunde der vaterländischen Schulen. Tübingen 1829.

Bergunder, Michael: Encounters of the Brahmanical Sanskrit Tradition with Persian Scholarship in the Mughal Empire Genealogical Critique and the Relevance of the Pre-colonial Past in a Global Religious History. In: Interdisciplinary Journal for Religion and Transformation in Contemporary Society (2024), 1–30.

Bergunder, Michael: Was ist Esoterik? Religionswissenschaftliche Überlegungen zum Gegenstand der Esoterikforschung. In: Monika Neugebauer-Wölk unter Mitarbeit von Andre Rudolph (Hg.): Aufklärung und Esoterik. Rezeption – Integration – Konfrontation. Tübingen 2008, 477–507.

Bergunder, Michael: Was ist Religion? Kulturwissenschaftliche Überlegungen zum Gegenstand der Religionswissenschaft. In: Zeitschrift für Religionswissenschaft 19 (2011), 3–55 = engl.: What is religion? The Unexplained Subject Matter of Religious Studies. In: Method & Theory in the Study of Religion 26, 3 (2014), 246–286.

Bertrand-Pfaff, Dominik: Martin Deutinger – Denken zwischen Kunst und Ethos. Ethisch-ästhetische Studien zu seinem Werk. Wien et al. 2013.

Bhabha, Homi K.: »Rasse«, Zeit und die Revision der Moderne. In: Ders.: Die Verortung der Kultur. Tübingen 2000, 353–384.

Bhabha, Homi K.: Die Frage der Identität. Frantz Fanon und das postkoloniale Privileg. In: Ders.: Die Verortung der Kultur. Tübingen 2000, 59–96.

Biebricher, Thomas: Selbstkritik der Moderne. Foucault und Habermas im Vergleich. Frankfurt a.M.; New York 2005.

Blume, Nora: Humanismus im Kalten Krieg. Behauptung, Zurückweisung und Vereinnahmung von »Humanismus« zwischen Ost und West, Kirche und Staat auf einer Tagung 1959 in Wittenberg. In: Kirchliche Zeitgeschichte 34 (2021), 128–146.

Blume, Nora: Humanismus zwischen den Fronten des Kalten Krieges. DDR, Christentum und Befreiungsbewegung in Afrika. Halle, Univ., 2022.

Braidotti, Rosi: Posthumanismus. Leben jenseits des Menschen. Frankfurt a.M.; New York 2014.

Braubach, Wilhelm: Das Recht der Zeit und die Pflicht des Staates in Bezug auf die wichtigste Reform in der innern Organisation der Schule. Giessen 1833.

Brieler, Ulrich: Die Unerbittlichkeit der Historizität. Foucault als Historiker. Köln et al. 1998.

Brucker, Johann Jacob: Kurtze Fragen aus der philosophischen Historie, von Christi Geburt biß auf unsere Zeiten. 7 Bde., Ulm 1731–1737.

Buck, August: Humanismus. Seine europäische Entwicklung in Dokumenten und Darstellungen. Freiburg i.Br.; München 1987.

Burckhardt, Jacob: Die Kultur der Renaissance in Italien. Ein Versuch. Frankfurt a.M. 2009 [2. Aufl. 1869].

Butler, Judith: Kritik, Dissens, Disziplinarität. Zürich 2011.

Butler, Judith: Sich mit dem Realen anlegen. In: Dies.: Körper von Gewicht. Die diskursiven Grenzen des Geschlechts. Frankfurt a.M. 1997, 257–303.

Butler, Judith: Was ist Kritik? Ein Essay über Foucaults Tugend. In: Deutsche Zeitschrift für Philosophie 50 (2002), 249–265.

Chakrabarty, Dipesh: Humanismus in einer gobalen Welt. In: Ders.: Europa als Provinz. Perspektiven postkolonialer Geschichtsschreibung. Frankfurt a.M.; New York 2010, 149–168 = engl.: Humanism in an Age of Globalization. In: Alltag, Erfahrung, Eigensinn. Historisch-anthropologische Erkundungen, hg. von Belinda Davis, Thomas Lindenberger und Michael Wildt: Frankfurt a.M.; New York 2008, 74–90.

Clifford, James: Über Orientalismus. In: Ders.: The Predicament of Culture: Twentieth-century Ethnography, Literature, and Art. Cambridge; London 1988, 255–276.

Cyranka, Daniel: Lessing im Reinkarnationsdiskurs. Eine Untersuchung zu Kontext und Wirkung von G.E. Lessings Texten zur Seelenwanderung. Göttingen 2005.

Cyranka, Daniel: Wofür steht das Jahr 1848? Religionsgeschichtliche Erkundungen im Kontext von Religion, Wissenschaft und Politik. In: Berliner Theologische Zeitschrift 32 (2015), 2, 289–318.

Deutinger, Martin: Christenthum und Humanismus. Erster Artikel. Schein und Wesen der menschlichen Bildung. In: Historisch-politische Blätter für das katholische Deutschland 31 (1853), 133–152.

Deutinger, Martin: Das Princip der neuern Philosophie und die christliche Wissenschaft. Regensburg 1857.

Die Weisheit D. Martin Luthers, hg. von Friedrich Immanuel Niethammer. 2. Aufl. 2 Bde., Nürnberg 1817.

Diller, Eduard August: Erinnerungen an Gotthold Ephraim Lessing, Zögling der Landesschule zu Meissen in den Jahren 1741–1746. Ein Wort zum Schutz des Humanismus und zur Erhaltung aller Zucht und Lehre. Meissen 1841.

Engel, Karl Christian: Wir werden uns wiedersehen. Eine Unterredung nebst einer Elegie. Frankfurt; Leipzig 1787.

Erasmus von Rotterdam, Desiderius: Enchiridion militis christiani. Handbüchlein eines christlichen Streiters. In: Ders.: Ausgewählte Schriften, hg. von Werner Welzig. Bd. 1, Darmstadt 1995, 56–375.

Erasmus von Rotterdam, Desiderius: Hyperaspistes diatribae adversus servum arbitrium Martini Lutheri. Liber primus. Erstes Buch der Unterredung »Hyperaspistes« gegen den »unfreien Willen« Martin Luthers. In: Ders.: Ausgewählte Schriften, hg. von Werner Welzig. Bd. 4, Darmstadt 1995, 198–675.

Erasmus von Rotterdam, Desiderius: Querela Pacis undique Gentium ejectae profligataeque. Die Klage des Friedens, der von allen Völkern verstoßen und vernichtet wurde. In: Ders.: Ausgewählte Schriften, hg. von Werner Welzig. Bd. 5, Darmstadt 1995, 360–451.

Essen, Georg und Christian Danz: Philosophisch-theologische Streitsachen. Pantheismusstreit – Atheismusstreit – Theismusstreit. Darmstadt 2012.

Euler, Walter Andreas: »Pia philosophia« et »docta religio«. Theologie und Religion bei Marsilio Ficino und Giovanni Pico della Mirandola. München 1998.

Farmer, Stephan Alan: Syncretism in the West. Pico's 900 Theses (1486). The Evolution of Traditional Religious and Philosophical Systems. With Text, Translation, and Commentary. 2. Aufl. Tempe 2008.

Feuchtersleben, Ernst von: Über die Frage vom Humanismus und Realismus als Bildungsprincip. In: Sitzungsberichte der Wiener Akademie der Wissenschaften. Sitzungsbericht der philosophischen historischen Classe, 1849, 3. Heft, 222–244 (Neudruck in: Ernst von Feuchtersleben: Sämtliche Werke und Briefe. Kritische Ausgabe. Bd. 3, bearb. von Horst Pfeiffle, hg. von Hedwig Heger, Wien 2006, 93–110).

Feuchtersleben, Ernst von: Zur Diätetik der Seele. Wien 1838.

Feuerbach, Ludwig: Sämtliche Werke. 2. Aufl. Stuttgart-Bad Cannstatt 1959f.

Ficino, Marsilio: Opera. 2 Bde., Parisiis 1649.

Fincke, Andreas (Hg.): Woran glaubt, wer nicht glaubt? Lebens- und Weltbilder von Freidenkern, Konfessionslosen und Atheisten in Selbstaussagen. Berlin 2004 (EZW-Texte; 176).

Fincke, Andreas: Freidenker – Freigeister – Freireligiöse. Kirchenkritische Organisationen in Deutschland seit 1989. Berlin 2002 (EZW-Texte; 162)

Foucault, Michel: Nietzsche, die Genealogie, die Historie. In: Ders.: Von der Subversion des Wissens, hg. von Walter Seitter. Frankfurt a.M. 1996, 69–90.

Foucault, Michel: Was ist Aufklärung? In: Ders.: Ethos der Moderne. Foucaults Kritik der Aufklärung, hg. von Eva Erdmann, Rainer Forst und Axel Honneth. Frankfurt a.M.; New York 1990, 35–54.

Foucault, Michel: Was ist Kritik? Berlin 1992.

Frank, Manfred: »Unendliche Annäherung«. Die Anfänge der philosophischen Frühromantik, Frankfurt a.M. 1997.

Geiger, Ludwig: Renaissance und Humanismus in Italien und Deutschland. Berlin 1882.

Goethe, Johann Wolfgang von: Aus meinem Leben. Dichtung und Wahrheit. 3 Bde., Tübingen 1811–1814.

Götzinger, Ernst: Art. Humanismus. In: Reallexicon der Deutschen Altertümer. 2. Aufl. Leipzig 1885, 435–440.

Grendler, Paul F.: Georg Voigt. Historian of Humanism. In: Humanism and Creativity in the Renaissance. Essays in Honor of Ronald G. Witt, hg. von Christopher S. Celenza und Kenneth Gouwens. Leiden 2006, 295–326.

Hagen, Karl: Deutschlands literarische und religiöse Verhältnisse im Reformationszeitalter. Mit besonderer Rücksicht auf Wilibald [sic!] Pirckheimer. 3 Bde. Erlangen 1841–1844.

Hagen, Karl: Über Nationale Erziehung. Mit besonderer Rücksicht auf das System Friedrich Fröbels [1845]. In: Friedrich Fröbel und Karl Hagen. Ein Briefwechsel aus den Jahren 1844–1848, hg. von Erika Hoffmann. Weimar 1948, 97–136.

Hegel, Georg Wilhelm Friedrich: Werke in zwanzig Bänden. Red.: Eva Moldenhauer und Karl Markus Michel. Frankfurt a.M. 1969ff. (u.ö.).

Heidegger, Martin: Über den Humanismus. Frankfurt a.M. 1991 [1949].

Hemminger, Andrea: Kritik und Geschichte: Foucault – ein Erbe Kants? Berlin; Wien 2004.

Hentig, Hartmut von: Humanismus und die DDR – Von der Ohnmacht des Namens. In: Frankfurter Hefte 16 (1961), 81–92.

Herbart, Johann Friedrich: Psychologie als Wissenschaft, neu gegründet auf Erfahrung, Metaphysik, und Mathematik. 2 Bde., Königsberg 1824f.

Herder, Johann Gottfried: Briefe zur Beförderung der Humanität [1793–1797]. In: Ders.: Gesammelte Werke, hg. von Hans Dietrich Irmscher und Martin Bollacher. Bd. 7, Frankfurt a.M. 1991.

Hess, Moses: Über die sozialistische Bewegung in Deutschland (1844). In: Ders.: Philosophische und sozialistische Schriften 1837–1850, hg. von Auguste Cornu und Wolfgang Mönke. Berlin (Ost) 1961, 284–307.

Iamblichus de mysteriis Aegyptiorum. Chaldeorum. Assyriorum. Proclus Platonicum Alcibiadem de anima, atq. daemone. Proclus de sacrificio & magia. Porphyrius de divinis atq. daemonibus. Synesis Platonicus de somnis. Psellus de daemonibus. Expositio Prisciani & Marsilii in Theophrastum de sensu, phantasia & intellectu. Alcinoi Platonici philosophi liber de doctrina Platonis. Speusippi Platonis discipuli liber de platonis definitionibus. Pythagorae philosophi aurea verba. Symbola Pithagorae philosophi. Xenocratis philosophi platonici liber de morte. Mercurii Trismegisti Pimander. Eiusdem Asclepius. Marsilii Ficini de triplici vita Lib. II. [...]. [2. Aufl.] Venetiis 1516.

Kant's gesammelte Schriften, hg. von der Königlich Preußischen Akademie der Wissenschaften. 29 Bde., Berlin 1902ff. [AA = Akademie-Ausgabe].

Kaufmann, Thomas: Geschichte der Reformation. Frankfurt a.M.; Leipzig 2009.

Kiesewetter, Hubert: Karl Marx und die Menschlichkeit. Berlin 2011.

Klueting, Harm: Das Konfessionelle Zeitalter. Europa zwischen Mittelalter und Moderne. Kirchengeschichte und Allgemeine Geschichte. Darmstadt 2007.

Klumpp, Friedrich Wilhelm: Das evangelische Missionswesen. Ein Ueberblick über seine Wirksamkeit und seine weltgeschichtliche und nationale Bedeutung. 2. Aufl. Stuttgart; Tübingen 1844.

Klumpp, Friedrich Wilhelm: Die gelehrten Schulen nach den Grundsätzen des wahren Humanismus und den Anforderungen der Zeit. Ein Versuch. 2 Bde., Stuttgart 1829f.

Kneer, Georg: Rationalisierung, Disziplinierung und Differenzierung. Zum Zusammenhang von Sozialtheorie und Zeitdiagnose bei Jürgen Habermas, Michel Foucault und Niklas Luhmann. Opladen 1996.

Kristeller, Paul Oskar: Die Philosophie des Marsilio Ficino. Frankurt a.M. 1972.

Kristeller, Paul Oskar: Humanismus und Renaissance. 2 Bde., München 1980 [1973].

Kues, Nikolaus von: Cribratio Alkorani. Sichtung des Korans. Lateinisch-deutsch, hg. von Ludwig Hagemann und Reinhold Glei. 3 Bde., Hamburg 1989–1993.

Kues, Nikolaus von: De pace fidei. Der Friede im Glauben, hg. und übers. von Rudolf Haubst. 3. Aufl. Trier 2003.

Laclau, Ernesto und Chantal Mouffe: Hegemonie und radikale Demokratie. Zur Dekonstruktion des Marxismus. Wien 1991.

Laclau, Ernesto: The ›People‹ and the Discoursive Production of Emptiness. In: Ders.: On Populist Reason. London; New York 2005, 67–128.

Laclau, Ernesto: Was haben leere Signifikanten mit Politik zu tun? In: Mesotes 4 (1994), 157–165.

Lauster, Jörg: Die Erlösungslehre Marsilio Ficinos. Theologiegeschichtliche Aspekte des Renaissanceplatonismus. Berlin; New York 1998.

Liebing, Heinz: Die Ausgänge des europäischen Humanismus. In: Ders.: Humanismus – Reformation – Konfession. Beiträge zur Kirchengeschichte. Marburg 1986, 147–162.

Lindner, Gerhard: Friedrich Immanuel Niethammer als Christ und Theologe. Seine Entwicklung vom deutschen Idealismus zum konfessionellen Luthertum. Nürnberg 1971.

Luther, Martin: Werke, hg. von Gustav Pfitzer. Frankfurt a.M. 1840.

Manetti, Giannozzo: Über die Würde und Erhabenheit des Menschen. De dignitate et excellentia hominis [1452]. Hamburg 1990.

Marx, Karl und Friedrich Engels: Gesamtausgabe. Berlin (Ost) 1975ff. [MEGA].

Marx, Karl und Friedrich Engels: Werke. 44 Bde., Berlin (Ost) 1956ff. [MEW].

Marxisten und Christen wirken gemeinsam für Frieden und Humanismus, hg. vom Staatsrat der Deutschen Demokratischen Republik. Berlin (Ost) 1964.

Maset, Michael: Diskurs, Macht und Geschichte. Foucaults Analysetechniken und die historische Forschung. Frankfurt a.M. 2002.

Mönke, Wolfgang: Neue Quellen zur Hess-Forschung. Mit Auszügen aus einem Tagebuch, aus Manuskripten und Briefen aus der Korrespondenz mit Marx, Engels, Weitling, Ewerbeck u.a. Berlin (Ost) 1964.

Mühlpfordt, Günther: Karl Hagen. Ein progressiver Historiker im Vormärz über die radikale Reformation. In: Jahrbuch für Geschichte 21 (1980), 63–101.

Neugebauer-Wölk, Monika: Historische Esoterikforschung, oder: Der lange Weg der Esoterik zur Moderne. In: Dies., Renko Geffarth und Markus Meumann (Hg.): Aufklärung und Esoterik: Wege in die Moderne. Berlin; Boston 2013, 37–72.

Neumann, Hanns-Peter: Natura sagax – Die geistige Natur. Zum Zusammenhang von Naturphilosophie und Mystik in der frühen Neuzeit am Beispiel Johann Arndts. Tübingen 2004.

Niedermeier, Michael: Das Gartenreich Dessau-Wörlitz als kulturelles und literarisches Zentrum um 1780. Dessau 1995.

Niethammer, Friedrich Immanuel: Der Streit des Philanthropinismus und Humanismus in der Theorie des Erziehungs-Unterrichts unsrer Zeit. Jena 1808.

Pico della Mirandola, Giovanni: De hominis dignitate. Über die Würde des Menschen [1486]. Hamburg 1990.

Plochmann, Johann Georg: Das Leben Dr. Martin Luthers. In: Dr. Martin Luther's sämmtliche Werke. Erster Band. Erste Abtheilung. Homiletische und katechetische Schriften, hg. von Johann Georg Plochmann. Erlangen 1826, 1–66.

Plochmann, Johann Georg: Vorrede. In: Dr. Martin Luther's sämmtliche Werke. Erster Band. Erste Abtheilung. Homiletische und katechetische Schriften, hg. von Johann Georg Plochmann. Erlangen 1826, v-xii.

Pohlmann, Margarete: Der Humanismus im 19. Jahrhundert – Eine neue Religion? Arnold Ruges Auseinandersetzung mit dem Christentum. Frankfurt a.M.; Bern, Las Vegas 1979.

Ranke, Leopold von: Deutsche Geschichte im Zeitalter der Reformation. 6 Bde., Berlin 1839–1847.

Raumer, Kurt von: Erasmus von Rotterdam. Der Humanist und der Friede. In: Ders.: Ewiger Friede. Friedensrufe und Friedenspläne seit der Renaissance. Freiburg i.Br.; München 1953, 1–21.

Rosen, Zwi: Moses Hess (1812–1875). In: Klassiker des Sozialismus. Bd. 1, hg. von Walter Euchner. München 1991, 121–138.

Rüegg, Walter: Art. Humanismus II. Philosophisch. In: RGG[3] 3 (1959), 479–482.

Ruge, Arnold: Der protestantische Absolutismus und seine Entwicklung. In: Hallische Jahrbücher für deutsche Wissenschaft und Kunst 4 (1841), 481f., 485–487, 489f., 493–495, 509–511, 513–515, 517–519, 521f., 525–526.

Ruge, Arnold: Die Loge des Humanismus. S.l. 1852.

Ruge, Arnold: Die Religion unserer Zeit. Leipzig 1849.

Ruge, Arnold: Offene Briefe zur Verteidigung des Humanismus. In: Die Epigonen 3 (1846), 244–276.

Ruge, Arnold: Reden über Religion ihr Entstehen und Vergehen an die Gebildeten unter ihren Verehrern. 2. Aufl. Berlin 1869.

Ruge, Arnold: Saemmtliche Werke. 2. Aufl. 10 Bde., Mannheim 1847f.

Ruge, Arnold: Zwei Jahre in Paris. Studien und Erinnerungen. 2 Bde., Leipzig 1846.

Sawicki, Diethard: Leben mit den Toten. Geisterglauben und die Entstehung des Spiritismus in Deutschland 1770–1900. 2. Aufl. Paderborn et al. 2016.

Schelling, Friedrich Wilhelm Josef von: Rezension zu: Der Streit des Philanthropinismus und Humanismus in der Theorie des Erziehungsunterrichs unserer Zeit dargestellt von F.I. Niethammer. Jena 1808. In: Jenaische Allgemeine Literaturzeitung (1809), abgedruckt in: Schellings Werke. Dritter Ergänzungsband. München 1984, 457–480.

Schleiermacher, Friedrich Daniel Ernst: Über die Religion. Reden an die Gebildeten unter ihren Verächtern. Berlin 1799.

Schmidt-Salomon, Michael: Manifest des evolutionären Humanismus. Plädoyer für eine zeitgemäße Leitkultur. 2. Aufl. Aschaffenburg 2006.

Schröter, Wilhelm: Christianismus, Humanismus und Rationalismus in ihrer Identität. Ideen zur Beurtheilung der Reformation Luthers und des in ihr wahrhaft Symbolischen. Leipzig 1831.

Schüler, C. Fr. Chr.: Humanismus. Eine vorläufige Schrift. Natur, Thier, Mensch, Engel, Gott. Philosophisch betrachtet. Leipzig 1829.

Spitz, Lewis W.: Art. Humanismus/Humanismusforschung. In: Theologische Realenzyklopädie 15 (1986), 639–661.

Stengel, Friedemann: Art. Naturphilosophie 2. Vom Neuplatonismus zur Naturmystik. In: Enzyklopädie der Neuzeit. Stuttgart u.a., Bd. 9 (2009), 33–35.

Stengel, Friedemann: Aufklärung bis zum Himmel. Emanuel Swedenborg im Kontext der Theologie und Philosophie des 18. Jahrhunderts. Tübingen 2011 (BhTh; 161) = engl.: Enlightenment All the Way to Heaven. Emanuel Swedenborg in the Context of Eighteenth-Century Theology and Philosophy. West Chester, PA 2023.

Stengel, Friedemann: Die SED und das christliche nationale Erbe. In: Händel-Jahrbuch 59 (2013), 351–359.

Stengel, Friedemann: Diskurstheorie und Aufklärung. In: Neue Zeitschrift für Systematische Theologie und Religionsphilosophie 61 (2019), 453–489 = engl.: Discourse Theory and Enlightenment. In: Aries 16 (2016), 49–85.

Stengel, Friedemann: Lebensgeister – Nervensaft. Cartesianer, Mediziner, Spiritisten. In: Monika Neugebauer-Wölk, Renko Geffarth und

Markus Meumann (Hg.): Aufklärung und Esoterik: Wege in die Moderne. Berlin; Boston 2013, 340–377.

Stengel, Friedemann: Prophetie? Wahnsinn? Betrug? Swedenborgs Visionen im Diskurs. In: Pietismus und Neuzeit 37 (2011), 136–162.

Stengel, Friedemann: Reformation und Krieg. In: Ders. und Jörg Ulrich (Hg.): Kirche und Krieg. Ambivalenzen in der Theologie. Leipzig 2015, 49–105.

Stengel, Friedemann: Reformation, Renaissance und Hermetismus. Kontexte und Schnittstellen der frühen reformatorischen Bewegung, in: Archiv für Reformationsgeschichte 104 (2013), 35–81 = engl.: Reformation, Renaissance and Hermeticism. Contexts and Interfaces of the Early Reformation Movement. In: Reformation & Renaissance Review 2 (2018), 103–133.

Stengel, Friedemann: Rezension zu Peter André Alt und Volkhard Wels (Hg.): Konzepte des Hermetismus in der Literatur der Frühen Neuzeit. Göttingen 2010. In: Pietismus und Neuzeit 40 (2014), 243–255.

Stiewe, Barbara: Der »Dritte Humanismus«. Aspekte deutscher Griechenrezeption vom George-Kreis bis zum Nationalsozialismus. Berlin; New York 2011.

Stirner, Max: Der Einzige und sein Eigenthum. Leipzig 1845.

Tomyuk, Olga: Humanismus-Verständnis und -Kritik in der Russisch-Orthodoxen Kirche. Zur Humanismus-Kritik und der daraus hervorgehenden Konstituierung eines spezifischen Humanismus-Verständnisses in Diskursbeiträgen russisch-orthodoxer Geistlicher. Halle, Univ., 2022.

Tomyuk, Olga: Zur diskursiven Konstruktion von Humanismus in der Russisch-Orthodoxen Kirche. In: Kirchliche Zeitgeschichte 36 (2023), 138–167.

Tortoriello, Giovanni: Scala Christus est. Reassessing the Historical Context of Martin Luther's Theology of the Cross. Tübingen 2023 (Spätmittelalter, Reformation, Humanismus; 135).

Tortoriello, Giovanni: The Transformations of ›Renaissance Aristotelianisms‹. The Case of Johannes Eck's Commentary to the Corpus Aristotelicum. In: Reformation and Renaissance Review 25 (2023), 63–81.

Trinkaus, Charles: In Our Image and Likeness. Humanity and Divinity in Italian Humanist Thought. Notre Dame, Ind. 2012 [1970].

Vent, Hans Lorenz Andreas: Vorwort. In: Martin Luther: Werke. In einer das Bedürfniß der Zeit berücksichtigenden Auswahl. Erster Theil, hg. von Hans Lorenz Andreas Vent. 2. Aufl. Hamburg 1827, iii-xvi.

Voigt, Georg: Die Wiederbelebung des classischen Alterthums oder das erste Jahrhundert des Humanismus. Berlin 1859, 2. Aufl., 2 Bd.e 1880f., 3. Aufl. 1893.

Voigt, Georg: Enea Silvio de' Piccolomini als Papst Pius der Zweite und sein Zeitalter. 3 Bde., Berlin 1856–1862.

Wachler, Ludwig: Handbuch der Geschichte der Litteratur. 2. Aufl., 4 Bde., Frankfurt a.M. 1822–1824.

Walter, Stephan: Demokratisches Denken zwischen Hegel und Marx. Die politische Philosophie Arnold Ruges. Eine Studie zur Geschichte der Demokratie in Deutschland. Düsseldorf 1995.

Walther, Gerrit: Art. Humanismus. In: Enzyklopädie der Neuzeit 5 (2007), 665–692.

Walther, Gerrit: Art. Humanität. In: Enzyklopädie der Neuzeit 5 (2007), 701–703; hier: 702.

Walther, Gerrit: Art. Neuhumanismus. In: Enzyklopädie der Neuzeit 9 (2009), 136–139.

Wenz, Gunther: Friedrich Immanuel Niethammer (1766–1848). Theologe, Religionsphilosoph, Schulreformer und Kirchenorganisator (Bayerische Akademie der Wissenschaften. Philosophisch-Historische Klasse, Sitzungsberichte 2008; 1). Göttingen 2008, 1–114.

Wenz, Gunther: Hegels Freund und Schillers Beistand. Friedrich Immanuel Niethammer (1766–1848). Göttingen 2008.

Wolf, Frieder Otto: Art. Humanismus 1. In: Historisch-kritisches Wörterbuch des Marxismus 6,1 (2004), 548–553.

Wolgast, Eike: Karl Hagen in der Revolution von 1848/49. Ein Heidelberger Historiker als radikaler Demokrat und politischer Erzieher. In: Zeitschrift für die Geschichte des Oberrheins, N.F. 94 = 133 (1985), 279–299.

Zimmermann, Wilhelm: Allgemeine Geschichte des grossen Bauernkrieges: nach handschriftlichen und gedruckten Quellen. 3 Bde., Stuttgart 1841–1843 [viele Aufl., zuletzt (11. Aufl.) Berlin (Ost) 1989].